沃勒斯坦世界体系理论研究

——从社会发展的视角解读

◆沈学君 著

谨以此书纪念我的祖母

湖北长江出版集团
湖北人民出版社

鄂新登字 01 号

图书在版编目(CIP)数据

沃勒斯坦世界体系理论研究:从社会发展的视角解读/沈学君著.
武汉:湖北人民出版社,2009.4

ISBN 978 - 7 -216 - 05918 - 3

Ⅰ. 沃…
Ⅱ. 沈…
Ⅲ. 国际问题—研究
Ⅳ. D815

中国版本图书馆 CIP 数据核字(2009)第 018042 号

武汉科技学院·人文社科文库

沃勒斯坦世界体系理论研究
——从社会发展的视角解读

沈学君 著

出版发行:	湖北长江出版集团 湖北人民出版社	地址:武汉市雄楚大街 268 号 邮编:430070	
印刷:武汉市洪林印务有限公司		印张:14.5	
开本:787 毫米×1092 毫米 1/16		插页:1	
版次:2009 年 4 月第 1 版		印次:2009 年 4 月第 1 次印刷	
字数:191 千字		定价:28.00 元	
书号:ISBN 978 - 7 -216 - 05918 - 3			

本社网址:http://www.hbpp.com.cn

总　　序

　　在高等学校的学科建设中,人文社会学科的建设具有十分重要的意义。对于一所以工科为主的高校来说,人文社会学科的建设则具有特殊的意义。人文社会科学具有积累知识、传承文明、创新理论、服务社会的功能,能为科技、经济和社会的发展提供指导,调节各种社会关系和社会生产要素的优化组合以及根据社会生产、社会生活的运行机制提供程序系统。自然科学技术只有与人文社会科学结合起来,才能在现代社会发挥整体的强大功能。因此,人文社会学科的发展是高校特别是以工科为主的高校不断提升办学水平的一个重要条件。

　　武汉科技学院是一所以工科为主,多学科协调发展,特色鲜明、优势突出的普通高等学校。在过去五十年的办学历程中,形成了鲜明的纺织服装特色与优势。在新的历史时期,围绕现有特色与优势,促进学科交叉,形成多学科相互支撑、协调发展的学科建设格局,是进一步壮大特色与优势,促进特色的高水平发展的必然选择。我校人文社会学科的发展虽然起步较晚,但是经过近十年的发展,已拥有了一支具有较强实力的学科队伍,承担了一批高层次的科研项目,产出了一批具有较高水平的科研成果。人文社会学科建设突出了学科交叉,围绕学校的特色形成自身优势,取得了良好的效果,为彰显学校的办学特色发挥了重要的作用。

　　以丛书形式出版"人文社科文库",旨在展示我校青年学者的研究成果,进一步促进人文社会科学的发展。文库的选题涉及哲学、政治学、文学、教育学、管理学、法学等多个学科领域。关注社会现实,跟踪学术前沿,追求学术创新,是这套文库的一个重要特点。文库的作者都是我校人文社科学院近年来引进和培养的博士。他们朝气蓬勃,思想活跃,潜心于学术,敢于迎接挑战,在各自的研究领域敢于创新,既有理论上的突破,又有方法上的创新,如引进数学模型阐述理论、运用经济学分析论证哲学问题等,显示出扎实的学术功底,学术成果具有较高的理论价值和现实意义,反映了我校人文社科学院的研究实力。必须指出的是,文库大多是在作者博士论文的基础上进一步研究、修改而成的,虽有名师指导,历经反复推敲修改,达到了一定的学术水平,但其中也难免学术视野、学术方法、学术经验等方面的局限性。因此,这套文库的出版重在为进行人文社会科学研究的青年学者提供一个交流和展示研究成果的平台。

学校高度重视文库的出版,并提供了政策支持和全额资助。但文库的出版只是一个出发点,希望这套文库的出版能够在学校人文社会学科建设中发挥积极的作用,促进人文社会科学研究水平的不断提高,使人文社会科学在学校的发展中发挥更大的作用。

武汉科技学院院长　张建钢
2009 年 3 月

目　录

武汉科技学院·人文社科文库

序

　　沈学君的博士论文《沃勒斯坦世界体系理论研究——从社会发展的视角解读》要正式出版了,这是一件值得高兴的事情,借此机会我想谈一点我自己的看法。

　　沃勒斯坦是当代著名的西方马克思主义者,他的名字与世界体系理论紧密联系在一起。我们知道,后现代主义思潮高举解构大旗,反对一切"宏大叙事",当这种思潮席卷全球时,提倡全球视野的世界体系理论似乎有点不合适宜;再加上上世纪末苏东巨变,国际共产主义运动进入低潮,西方一些学者宣称马克思主义已经彻底失败了,人类历史将终结于资本主义这一"完美的社会制度"。在这种历史氛围和学术潮流下,沃勒斯坦继续坚持自己的左派立场,坚持自己的"宏大叙事",足可以见得沃氏的治学宗旨和治学态度。用他自己的话说,任何社会科学都"有一个客观性和责任感问题"。"我们大家都无可补救地是我们的背景、我们所接受的训练、我们个人自身的能力和社会角色,以及我们在其中发挥作用的社会结构的压力的产物……作为学者或科学家,肯定要在社会系统中扮演特殊的角色"。"这里就产生了我们的责任感。它取决于我们对美好社会的憧憬。既然我们要求有一个较平等较自由的世界,我们必须理解达到这一境界的各种条件。而要做到这一点,首先要求对迄今为止现代世界体系的性质和演变有个明晰的揭示,同时对它现在和未来在各方面或许可能取得的发展的幅度也须加以说明。这方面的知识将会成为一种力量。这种力量对那些代表世界上大多数深受压迫的人们的利益的集团应该是极其有用的"。正是出于"要求有一个较平等较自由的世界"的考量,出于让知识变为"大多数深受压迫的人们"追求平等权利的力量的目的,沃勒斯坦才去研究资本主义世界体系的秘密,让世人明白"创立资本主义不是一种荣耀……资本主义是一剂危险的麻醉药"。当然,国人对沃勒斯坦的关注不是出于他的政治立场,而是他的学术成就及其影响力。沃勒斯坦在当今学术界有着重要影响,其主要著作已被翻译成为十多种文字,"凡是研究 16 世纪以来的世界史的学者,研究世界资本主义体系形成和发展历史的学者,研究'第三世界'发展问题的发展学家,包括研究发展经济学、发展社会学、发展政治学和发展战略学的学者,对他的观点不管是赞成还是不赞成,都得在他们的著作中对他的观点加以引述和讨论"。中国作为一个发展中国家,又处在现代化过程的关键时期,再加上如火如荼的全球化运动,这些历史情形使得中国需要了解世界,世界也需要了解中国。沃勒斯坦的世界体系理论的重要价值凸显,加强这一方面的研究对当代中国具有重要的理论和实践意义。

我认为这部著作在解读沃勒斯坦的理论时有以下几个方面的新意:一是强调现代世界体系与资本主义之间是"同一个硬币的两面",资本主义一开始就是以世界体系的形式存在的。这就为沃勒斯坦的核心观点奠定基础,即资本主义本身就是一种在边缘复制不发达状态的机制,资本主义世界体系与发展问题存在着结构性关联。二是比较沃勒斯坦和马克思关于资本主义的分析方法,尽管两者都强调要从生产方式入手来剖析资本主义,但沃勒斯坦却坚持"流通主义的资本主义"观点,使得他无法对资本主义生产领域进行细致的分析,过于强调世界经济交往对社会发展的影响。三是作者将沃勒斯坦的世界体系理论放在"新马克思主义"流派中进行分析,使得沃氏理论的渊源、传承关系一目了然。既聚焦于沃氏的世界体系理论,又不致于由于主题过于集中而显得狭隘。

当然,文章有不少需要加以拓展和改进的地方,如沃勒斯坦讲的世界体系、马克思讲的世界历史思想与当下的全球化运动是否同一项运动,不是的话,三者之间有何异同?再比如,沃勒斯坦对自由主义的理解与新自由主义的主张有何异同？这些问题都需要作者作进一步的思考与研究。

　　沈学君博士为人坦诚，做事踏实。在校期间，对于学业上的任务总是能够按时保质地完成。他勤于思考，刻苦钻研，视野开阔，思维敏捷。作为他的导师，对这部著作的出版我感到由衷的高兴，也希望他再接再厉，在前进道路上有不断的进步和收获。

郝立新
2009 年 2 月 8 日记于中国人民大学

摘　要

　　本文致力于从社会发展的视角,对当代西方马克思主义者沃勒斯坦的世界体系理论进行系统的研究。沃勒斯坦的世界体系理论是在以两极化为特征的当代社会发展问题日益突出,而主流的现代化理论对此未能作出合理解释,因而也未能提出有效对策的情况下创立的。他认为在全球一体化趋势越来越明显,国际间相互影响越来越大的背景下,对单个国家的发展作原子式的的考察是不适宜的。尤其是当代社会发展问题在民族国家的框架内不可能被正确地理解,只有在"历史体系"中才能得到正确的分析。人类历史上至今共存在过三个"历史体系",即微小体系、世界帝国和现代世界体系。其中,现代世界体系自 16 世纪兴起后,一直扩张、延续至今,它极大地塑造了近代世界。沃勒斯坦认为世界体系与资本主义是同一个硬币的两面,资本主义一开始是以世界体系的形式存在,这是沃勒斯坦最重要的一个论断,也是他分析当代社会发展问题的逻辑起点。由于资本主义世界体系是以中心——半边缘——边缘这样一种空间结构形式存在,中心的发展是以边缘地区的不发达为代价的。因此,在沃勒斯坦看来,资本主义本身就是一种在边缘地区复制不发达状况的机制。因此必须把对当代社会发展问题的探究与对资本主义本身的批判结合起来。本文运用马克思主义的方法、立场来分析世界体系理论,在肯定沃勒斯坦关注全人类命运、特别是发展中国家人民命运的基础上,也指出了其理论误区。

　　除导言和结语外,本文共分四章。导言部分主要介绍当代社会发展问题的凸显及两种不同的解答模式。通过对新马克思主义作谱系学的考察,介绍沃勒斯坦的世界体系理论的来龙去脉。第1章主要介绍世界体系理论兴起的时代背景、学术渊源,以及沃勒斯坦的学术生涯。力图对世界体系理论的形成提供一个宏观的、全面的认识。

第2章详细介绍世界体系理论的内容。沃勒斯坦认为现代世界体系的形成及扩张决定了近代世界的基本结构,当代社会发展问题根源于资本主义世界体系。沃勒斯坦对资本主义的分析是基于他对资本主义生产方式的独特理解之上的。在他看来,资本主义生产的目的就是为了交换,获取利润。在资本积累的推动下,它必然走向扩张,最终形成了一个统一的资本主义世界经济体,所有的市场都只是这个世界市场的组成部分,因而所有国家的经济活动都是全球劳动分工的一部分。以不同的劳动控制方式为基础的区域专业化日益扩大,整个世界都处在一个中心——半边缘——边缘这样一种空间结构中,缺少其中任何一部分,资本主义就无法生存。通过不平等交换,剩余价值从边缘流向中心,这样,资本主义本身就是一种在边缘地区复制不发达状态的机制。沃勒斯坦认为,发达与不发达不是民族国家独立发展的结果,而是资本主义世界体系发展的必然。不平等是世界体系的本质特征。在世界体系中,经济是基础,国家机器成为为资本积累服务的工具,资本主义文化则试图掩盖世界体系不平等的事实。至此,沃勒斯坦对资本主义世界体系进行了全面的批判,他提出,要想改变这种不平等状况,唯有改变整个资本主义世界体系。沃勒斯坦判断现代世界体系已进入转型期,呼吁人们起来建立新体系。

第3章介绍世界体系理论的影响及其争论。沃勒斯坦的理论以其独特的视角、独到的见解而著名。他的世界体系理论是西方社会发展理论的最新成果;他倡导的超越国家、社会的研究范式以及知识整体论,对当代社会科学研究产生了巨大影响。与此同时沃勒斯坦的理论也引起了许多争论,如世界体系的历史,是500年还是5000年?是坚持流通主义还是生产方式来分析资本主义?资本主义,一个逻辑还是两个逻辑?正是在批判与反批判中,问题被明晰了,视域被扩展了。

第4章是从马克思主义的立场、方法对世界体系理论进行评论。沃勒斯坦站在欠发达地区的立场上对不合理的资本主义世界体系进行了全面的批判,表明了马克思主义的一贯态度。但由于缺乏辩证方法,其理论走向极端,带有片面性。更为突出的是,由于沃勒斯坦坚持"流通主义的资本主义"观点,使他无法对资本主义生产领域进行详细分析,过于强调世界经济交往对社会发展的影响。这与马克思坚持从生产方式入手分析资本主义是有区别的。本章的最后一部分指出沃勒斯坦的历史虚无主义是不可取的。在现有条件下,欠发达地区采取可行措施,完全可以获得发展,并为最终改变资本主义世界体系准备条件。在结语部分,力图从总体上把握沃勒斯坦的世界体系理论。

　　总之,本文旨在从社会发展的视角系统地评介沃勒斯坦的世界体系理论。并以当代社会发展问题为中心,比较当代西方社会发展理论中三大流派对此的见解,为制定切实可行的社会发展战略提供参考。

关键词:沃勒斯坦;世界体系理论;社会发展

Abstract

The thesis is intended to make a thorough study on Wallerstein′ theory of world system, who is a Western Marxist, from the perspective of social development.

As theories of modernization failed to explain and solve the problems of social development. Wallerstein advanced his theory of world system, instead. As globalization comes near and near, all countries affect each other, so it is wrong to isolate one country to investigate its development. In Wallerstein′s opinion, the problem of social development can only be analyzed correctly in "historical system", while not in nation. From the beginning, there have been three historical systems: mini—system, world empire and world system. World system origined in the 16th century, and kept on expanding ever since then. And it has greatly shaped the world. Wallerstein thinks that capitalism and world system are the same just as two sides of a coin. From the very beginning, capitalism existed in the form of world system, which is the general principle of theory of world system, which is also the logical base for Wallerstein to analyze the problem of social development. As world system existed in the form of spatial structure: central_ semi—periphery _periphery. Developed countries have developed in the cost of developing countries. In Wallerstein′s opinion, capitalism is a kind of system of reproducing underdevelopment in periphery. Therefore, capitalism must be responsible for conflict and misery when problems of social development are analyzed. When evaluating theory of world system from the view of Marxism, the author not only approves Wallerstein's attention to the fate of the whole human being, especially to the fate of people in developing country, but also pointes out his theoretical mistakes.

Besides preface and conclusion, the thesis is divided into four chapters. In preface, the author outlines emergence of the problem of social development and introduces two methodologies to solve it, then analyses the origin and development of Wallerstein's theory of world system by generally introducing Neo—Marxism. Chapter 1 provides a brief overview of theory of world system, academic origins of it, and Wallerstein's academic career.

In chapter 2, the author describes the viewpoints of theory of world system in detail. In Wallerstein's opinions, the foundation and expansion of the modern world system establishes the basic structure of modern world, which must ask for the contemporary problem of social development. Wallerstein has his own comprehension about Capitalism, he believes the aims of capitalists are to obtain profit, driven by the capital accumulation, Capitalism is bound to expand, then a united capitalism market came into being. All local markets are parts of the world market, all countries play their roles in it in accord with their advantage, then forms the spatial structure with 3 parts: central, semi—periphery and periphery. Capitalism can't exist without one part of it. By unfair exchange between central and periphery, surplus value is obtained by central, that to say, capitalism itself is a kind of system of reproducing underdevelopment in periphery. Unfairness is the general character of world system. In world system, the current and future conditions of every country are determined by its position, and state acts as a tool of capital accumulation, while capitalism culture tries to conceal unfairness. Thus, Wallerstein criticizes the capitalism world system comprehensively. If people want a fair world, the only hope is to override world system.

In chapter 3, the author introduces the influence of theory of world system and its controversies. As the latest theory of social development, Wallerstein's theory is famous for its unique perspective and its distinctive viewpoints. His new paradigm to investigate social development and his epistemology holism have a great influence on contemporary studies of social sciences. At the same time, Wallerstein's theory also gives rise to many controversies, for instance, has the world system existed for 500 years or 5000 years? Which is the correct perspective to analyze capitalism, from circulation theory or from the mode of production? How does capitalism develop, one way or two?

In chapter 4, the author evaluates the theory of world system from the standpoints of Marxism. Wallerstein critiques unreasonable world system of capitalism from the standpoint of underdeveloped areas, which is in accord with Marxism. However, lacking for dialectical method, his theory falls to be extreme, unilateral. Even worse, as Wallerstein insists on analyzing capitalism from the perspective of theory of circulation, he can not penetrate into one country's production in detail, but emphasize excessively the influence of economic contact with other countries, which is different from classical Marxist who analyze capitalism from perspective of the mode of production. In addition, Wallerstein's historical nihilism is undesirable. The author thinks the underdeveloped areas can achieve development and then assemble power to override the world system of capitalism at last, if adopting feasible measures under available conditions.

In the conclusion part, the author tries to evaluate Wallerstein's theory of world system generally.

In a word, the thesis aims to systematically evaluate Wallerstein's theory of world system and then to compare each viewpoint of three schools of the theory of western social development, which can be help-ful to drawing up feasible strategy of social development.

Key Words: Wallerstein; Theory of World System; Social Development

导　言

　　追求发展与进步是现代社会的永恒主题。特别是当代信息技术的兴起,极大地扩展了人们的视野和生存空间,因而对人类社会发展提出了更高的要求。但是由于国际发展的不平衡,发达国家和发展中国家所面临的任务不一样,发展中国家不仅面临信息社会的挑战,而且还有许多国家尚处在农业社会向工业社会的艰难转型过程中,还没有摆脱贫困状态。由这种国际发展不平衡所引起的发展问题构成了关系人类生存的核心问题。当今有许多学者对这一问题作了分析,并提出相应的对策。在其中,匈牙利裔美籍学者沃勒斯坦①(Immanuel Wallerstein 1930—)由于其视角的独特性、理论的激进性而备受瞩目,成为当代西方著名的"左派"思想家。

0.1　当代社会发展问题

　　一部近代史就是一部社会发展探索史。工业革命打破了传统社会的静止状态,西方社会进入一个持续变革的时期。从18世纪起,一些学者就开始对发展问题进行思考。以亚当·斯密、大卫·李嘉图、西斯蒙第等人为代表的古典经济学家代表了新兴的资产阶级,站在历史的高度,将经济增长作为社会发展的标志,将封建社会静止不前的原因归结为缺乏经

---

　　①有的中文著作将其译为"华勒斯坦"。

济增长。这些古典经济学家们一开始就把经济问题与社会问题联系起来进行考虑,诸如国家的繁荣昌盛、经济增长的决定因素以及收入与财富之间的分配等。由此开始,人们重视从经济的角度来探讨社会发展问题,认为经济的增长对社会发展具有举足轻重的影响。

自 20 世纪中期以来,世界历史条件发生重大改变,两次世界大战使传统资本主义强国的力量受到削弱,先前的殖民地纷纷走向独立。这些新兴国家都面临一个社会发展问题,因而这一时期的社会发展研究的重点集中在占世界人口绝大多数的落后地区上。

2001 年,世界银行的报告指出,20 世纪全球在减少贫困和提高福利方面取得了很大的成绩。在过去 40 年,发展中国家的预期寿命平均增加了 20 岁,婴儿死亡率降低了一半以上,生育率也降低了近一半。尽管如此,一个不可否认的事实是,经过战后 50 年的发展,发展中国家与发达国家的差距不是在缩小而是在扩大。20 个最富裕国家的平均收入是 20 个最贫穷国家平均收入的 37 倍,这一比率跟 40 年前相比翻了一倍。在世界 60 多亿人口中,还有 12 亿人每天仅靠不到 1 美元生活。在非洲、南亚和西亚一些国家仍然有 50% 的人既不会写字,也不会识字。撒哈拉以南的非洲地区,2001 年的人均国民生产总值只有 496 美元,低于 20 世纪 70 年代的 600 美元。[1] 这也就是说,经过几十年的发展,南北差距不是缩小了而是扩大了。

应该说贫困问题是自古以来就困扰人类的老问题,但在今天,人们不再把贫困视为天经地义的或者归之于命运而甘于忍受。因为现在人们普遍地认为,贫困多半是人为造成的。在资讯十分发达的今天,面对发达国家与落后国家之间巨大的差距,渴望发展的愿望比以前任何时代都更为强烈。另一方面,在今天,平等问题和平等要求国际化了。在现代之前,社会内部财富的差别远远大于各社会之间的差别。[2] 那时,一小部分人

①世界银行:《2000/2001 年世界发展报告》,北京,中国财政经济出版社,2001。
②〔美〕罗伯特·吉尔平:《国际关系政治经济学》,北京,经济科学出版社,1994,第 296 页。

高居多数一贫如洗的群众之上,尽管这种情况至今仍见诸于许多地方。不过当今发达国家内部财富的差异比各国之间的财富差异显得次要得多,在欧美,贫困的个人仍比第三世界绝大多数人的生活富裕得多。在全球化的今天,一个人是比较富裕还是比较穷,在很大程度上取决于他出生于哪个国家。欠发达地区的贫困不仅影响到当地的发展,而且对世界的和平发展都产生重大影响。不发达国家的前途问题是我们这个时代最紧迫的问题之一,它的解决与否将会深刻地影响全世界的未来。从这个角度讲,当今世界发展的不平衡已成为对人类文明的巨大挑战。

在经济全球化的今天,世界却明显分裂为两个不同的世界,分别处于两种迥异的发展状态。人们不禁要问:发达、欠发达现象是怎样产生的?其根源是什么?发达、欠发达之间有没有关联?欠发达国家能否发展起来?怎样发展?其前途如何?人类应该过一种什么样的生活?对这些问题的解答构成了当代社会发展问题研究的主题,也是本文所要介绍的沃勒斯坦(Immanuel Wallerstein 1930—)关心的中心话题。必须指出的是,本文所讲的社会发展理论、社会发展问题都是一种狭义上的,它主要探讨的是国际间的发展不平衡问题,涉及到发展不平衡问题的起因、表现、后果以及解决问题的对策等。而广义的社会发展理论则探讨人类社会发展的一般规律,如社会发展的主体、客体、动力、矛盾及规律等。下文将要介绍的沃勒斯坦的世界体系理论只是一种狭义上的社会发展理论,他的理论较少涉及关于社会发展一般规律的学说。

0.2 现代化理论:发展的神话

在当代,人们从多个方面对当代社会发展问题进行探讨,如发展经济学、发展社会学、依附论等。通常人们又把这些理论分为两种模式,一是现代化理论,另一种是马克思主义理论。① 现代化理论对西方社会工业革命以后所带来的巨大转变,作出了解释,是西方近代社会发展经验的总结。在人类由"传统社会"向"现代社会"变迁过程之中,有一些国家由于一些复杂因素的影响,经过一个漫长的过程,转变为"先进的工业社会"。现代化理论将西方社会发展的这一模式视为普适有效的。它运用涂尔干和韦伯的"社会分化"及"社会整治"原理,将社会变迁和经济发展解释为必须经历一系列有序的、单一方向的阶段从而成长为一种更高的社会形态的不断分化过程。这也就意味着,现在的贫穷国家也必须重复西方世界"由贫到富"所经历的几个阶段,最终实现发展的愿望。罗斯托的"经济成长的阶段"就是这种观点的典型代表。它把不发达看成是发达的前夜,今天发达资本主义世界就是不发达世界的归宿。社会经济发展就是一个不断直线上升的进化过程。而第三世界之所以不发达,其根本原因就是这些国家自身传统的因素阻碍了社会的发展,延缓了现代化进程。这些因素包含落后的宗教信仰、对市场作用的偏见、分配过程中的平均主义、缺乏激励和创新机制以及人口增长过快等。总之,现代化理论侧重于"经济成长"、"制度分化"、"国家建立"等概念分析,将第三世界的不发达状态看成是各个社会内部自身原因造成的结果。

现代化理论是适应美国在二战后的国际战略需要而产生的。二战以后,新兴的民族国家面临社会发展的问题,为了阻止这些国家受苏联的影响走上社会主义道路,美国提出这样一套理论来指导这些国家的建设。但是经过几十年的实践,所出现的越来越明显的两极化、生态危机和环境问题等证明这种发展思路有其致命的缺陷。如此的"发展"已渐远离当初的崇高信誓,蜕变为发展的"幻象"。德尼·古莱特(Denis Goulet)更是将这样的发展描述为"反发展",他表示,一旦人们规划美好生活的基本因素——最佳生存、尊敬、自由和自我实现等——减弱了而不是增强了,那

---

① [美]彼得·柏格:《发展理论的反省——第三世界发展的困境》,台北,巨流图书公司,1987,第15页。

么就导致了"反发展"。① 无独有偶,1998 年诺贝尔经济学奖获得者阿马蒂亚·森提出以自由看发展。何谓自由? 森认为,"自由"是人们享受他们有理由珍视的那种生活的可行能力。"一个人的可行能力指的是此人有可能实现的、各种可能的功能性活动组合。可行能力因此是一种自由,是实现各种可能的功能性活动组合的实质自由(或者用日常语言说,就是实现各种不同的生活方式的自由)"。② 功能性活动是可行能力的基础,指的是一个人在生活中能够成功地去做的事情或达到的状态,前者如看书、读报、免于饥饿,后者如合群、身体健康、获得自尊。照此看来,如果这个世界上还有多半的人不能具备这种可行能力的话,说明当今世界的社会发展是有问题的。

实际上,现代化理论在解释社会发展时,将发达与欠发达看作是一个同质体系中的连续状态,认为它们受相同的运行规律支配,是在一个完全自由、公正的市场环境中发展的结果。现代化理论坚持大卫·李嘉图的比较利益法则,认为在一个市场内,只要依照相对效率进行组织,每一个参加者都可以从中受益,收益大小取决于其对全局的贡献。从理论上讲,所有的参加者都能抓住机遇而使自己富裕起来。不错,正是市场第一次释放了资本主义的力量,并为资本主义发展开通了渠道,市场竞争创造了高效和创新,使得资本主义充满了活力。同时资本主义也通过市场机制对社会关系和政治体制施加影响,从而超越政治边界,将更多的人口纳入其范围,正是市场和交换把世界联系在一起。然而在现实中,市场并不是经济学家所设想的那样公正、透明,而是被众多不同的并且通常又是相互对立的社会集团或国家所分割,市场的作用与经济学理论设想的极为不同。"实际上,每个个人、社会集团或国家的机遇和现状均是不同的,因此在市场体系中财富的增长与经济活动的分布就不会均衡……这样,各个国家都力图引导市场力量向有利于本国人民的方向发展,结果,起码在短

①[美]德尼·古莱特:《发展伦理学》,北京,社会科学文献出版社,2003,第 243 页。

②[印]阿马蒂亚·森:《以自由看待发展》,北京,中国人民大学出版社,2002,第 62 页。

时期内,造成市场参加者之间,以及国际政治经济中不同层次的社会之间财富和权势的不平等分配"。①

市场经济的另一个重要影响在于,经济相互依存在社会集团以及国家之间建立了一种实力关系。市场并非政治上中立的,它的存在产生了一种经济力量,这种力量可被一个行动主体用来对抗另一个行动主体。"打断与他国商业或金融关系的力量……是一个国家通过市场关系在他国获取实力地位和影响的根源。因此,经济上相互依存的不同集团和国家之间或多或少地建立起一种等级森严的、依赖性的实力关系"。②也就是说,不同的集团和国家会利用其在市场中的有利地位而维护自己的利益,伤害其他集团和国家的利益。

正因为如此,面对现代化理论所提出的发展方案,人们首先要问:是谁获益? 由谁决定? 或者说,谁的成长? 谁的市场?

沃勒斯坦在质疑现代化理论方案时就更加直白:发展是什么? 是谁实际上得到发展? 谋求发展的背后是什么? 这样的发展如何才能实现? 这些问题的答案有什么政治含义?③ 正是因为这些最基本的问题没有得到解决,所以时至今日,发展的问题是当今世界面临的一个大问题。沃勒斯坦提醒人们,社会发展不仅仅是一个经济的话题,更是一个政治的问题。因为经济因素不能解释社会发展的成功或失败,"经济力量总是在更大的政治环境中运行的"。④ 对发展问题的追问最终就是对造成发展问题的原罪的追问——而这必须追问到社会发展的最深层问题——基本社会制度的问题。所以对发展的质疑最后导致这样一个严肃的问题——在资本主义制度框架内能解决社会发展的问题吗? 这是沃勒斯坦一直在提醒人们的问题。

---

①②[美]罗伯特·吉尔平:《国际关系政治经济学》,杨宇光等译,北京,经济科学出版社,1994,第30页。

③参见许宝强、汪晖编:《发展的幻象》,北京,中央编译出版社,2001,第2页。

④[美]罗伯特·吉尔平:《国际关系政治经济学》,杨宇光等译,北京,经济科学出版社,1994,第302页。

0.3 对成长的批判——评资本主义体系

在日常生活中,当谈到社会发展时,"发展"(development)、"现代化"(modernization)、"成长"或"增长"(growth)这三个概念经常一起出现。"发展"通常被视为是"成长"、"现代化"的同义词,但实际上,"发展"概念较前两者更具有强烈的价值判断的意味。"成长"与"现代化"可以以价值中立的方式来加以界定,"成长"仅限于经济范围,指产品的增加,表现为国民生产总值或国民收入的增加。"现代化"通常与传统相对,指的是制度和文化的变迁。"发展"则暗示了道德上的期许,它通常意味着普通人的福祉在变化过程中得到了整体性的改善,"发展"意味着整体良性的成长与可欲的现代化。

但是二战以后的世界状况却与人们的期望相去甚远。两场世界大战成就了美国在世界体系中的霸主地位,美国按照自身利益改造世界经济结构。它通过非殖民化来拆散欧洲的各个传统帝国,并且把它们的殖民地完全纳入到资本主义交换的循环体系之中,从经济上对这些地区加以控制,因而再也没有必要维持来自外部的政治控制。而前殖民地虽然赢得了政治上的独立,但经济上仍然依附于发达国家,这种状况被称之为新殖民主义。二战以后,落后地区按照现代化理论给出的方案进行"改革",但是其经济社会状况却变得越来越糟。当时,发达国家平均单位资本收入比不发达地区高 4 倍,18 世纪中期这两者大约是相等的,再早 200 年,很多非欧洲国家比欧洲还要富。① 这也就是说,近代以来,世界就一直处于一种两极分化状态,并且有越来越严重的趋势。尽管此前的马克思主义者如马克思、列宁等对西方发达资本主义国家的行径给予了抨击,但还

---

①[英]M. C. 霍华德著,《马克思主义经济学史 1929—1990》,北京,中央编译出版社,2003,第 167 页。

是认为它们在全球范围内促进了资本主义经济的发展。而把落后地区的经济结构同发达国家的经济结构联系起来,认为落后是不发达进程的结果,在这一进程中,发达资本主义经济阻止了落后地区的发展,这是战后理论的创新。这一时期,有一批左派思想家,如保罗·巴兰、斯威奇、弗兰克、沃勒斯坦等运用马克思主义的帝国主义理论、资本积累理论来分析世界发展不平衡问题,提出了一些激进的主张,被称为"新马克思主义者"。

当然,他们也结合实际,进行了理论创新。这首先表现在概念创新上,欠发达或不发达(underdevelopment)主要是被二战后的新马克思主义者所用,它主要是指由于西方国家的侵略、剥削而使第三世界处于一种被扭曲的社会发展状态。未发展(undevelopment)一般指工业革命之前所处的未开发状态。"不能设想没有增长的发展,但是确实有没有发展的增长。(北方的)发达国家可能是从不发达(undevelopment)①经济演变而来,但并非从欠发达经济演变而来。欠发达是西方资本主义在亚非拉的殖民侵略扩张所造成的,使它们原有的社会经济形态被外来的商品和资本所扭曲。这是第三世界共同的经济特征,也是第三世界依附性的经济根源"。②

不再把第三世界看作是落后、停滞的代名词,不再把它们看作是西方国家必须加以同化、引导的对象。相反,将第三世界贫困的原因归结为西方国家的侵略、剥削,这是新马克思主义的理论创新,也成为新马克思主义的标志。人们再一次将关注的焦点集中到世界的边缘地带。新马克思主义者们深信,沿着西方路线的现代化不可能成功,因为第三世界现在所面临的历史环境不同于当年西方国家刚刚起步那个时期。人们相信,资本主义的发展继承下来的贫困化特点,现在被转移到了第三世界,因此,国际范围内的剥削就成了新马克思主义者研究的核心问题。他们普遍地更加关注各国的依附状况,认为启动得更早的国家为以后的发展提供了

①此处为错译,underdevelopment 应翻译为"未发展",指的是工业革命之前的未开发状态。
②〔美〕斯塔夫里亚诺斯:《全球分裂》,北京,商务印书馆,1993,第 4 页。

最初的动力,并且得到了一种永久性的优势。同时,这些西方国家改变了后来者的发展环境,因为前者创造了两条不同的道路,一条是发展的道路,另一条是欠发达的道路。①

战后新马克思主义者受罗莎·卢森堡的影响很大。卢森堡生活在资本主义的"帝国主义阶段"形成时期,发达资本主义国家内部的垄断化使经济和政治结构日益结合起来了,这些国家的民族资产阶级和自己的国家机器联合起来,一致对外争夺殖民地。随着殖民化的进一步加深,越来越多的落后地区被整合进资本主义生产体系,世界交往对各地区的影响日益加深。在这种背景下,卢森堡就落后地区同先进地区的关系进行了新的思考。

她的主要著作《资本积累论》发表于1913年,卢森堡联系马克思的再生产理论,探讨了资本主义积累和扩大再生产问题。她认为积累和扩大再生产条件下的实现是个关键问题。她提出消费不足理论,认为剩余价值的资本化部分,只有在非资本主义生产的社会阶层和社会形态中才能找到购买者,而不可能由工人和资本家来实现。原因在于工人和资本家只能实现可变资本和不可变资本中被消耗掉的部分及剩余价值中的可消费部分,其余部分"是由那种属于非资本主义生产方式的社会阶层或社会结构来实现的"。② 这也就是说,资本主义生产不能脱离非资本主义地区而进行。这样,通过消费不足理论,卢森堡认为非西方国家的命运同资本主义国家紧密联系在一起。必须指出的是,卢森堡在马克思主义理论发展史上的重要地位在于,当时的马克思主义者们都关注先进国家的先进工业部门,而她却促使人们关注那些正被整合进资本主义生产方式的人民大众,她让人们认识到落后国家对发达国家的经济发展所起的作用。

保罗·巴兰是新马克思主义的开启人。他继承了卢森堡的思想,认

① [美]罗纳德·H·奇尔科特主编:《批判的范式:帝国主义政治经济学》,北京,社会科学文献出版社,2001,第24—25页。

② [德]罗莎·卢森堡:《资本积累论》,北京,三联书店,1959,第276—277页。

为落后国家的命运与发达国家紧密相联,并对以往的帝国主义理论进行修正,其观点主要通过《增长的政治经济学》、《垄断资本》等著作表达出来。巴兰认为,经济的增长主要是剩余的大小及对其利用的结果。把剩余用于生产性投资,经济就会增长,剩余积累得越多,增长得就越快。如果经济出现停滞,要么是因为剩余不足以用来扩大生产,要么是过多的剩余被用到非生产性消费上了。世界剩余产品在不同地区的分配就形成了中心与外围的分化。根据巴兰的观点,这种分化始于16世纪西欧国家开始其殖民扩张和原始积累进程的时期。在国内的剩余不断地被投入到国内生产的同时,欧洲以外的其他国家的剩余也被补充进来。这种剩余的转移破坏了拉美、非洲和亚洲国家的经济增长。巴兰指出,印度的经济发展在西方殖民者到来之前,就已经很先进了。在沦为英国的殖民地之后,印度却成为世界上最贫困的地区之一。巴兰认为,"印度的落伍既不是偶然的,也不能归咎于印度'种姓'的某种特有缺陷。根本原因在于从英国开始统治起,其资本对印度的彻底的、野蛮的、有计划的掠夺"。[①] 同卢森堡一样,巴兰也认为发达资本主义国家与落后地区已联接成一个不可分割的整体,发达地区通过三种形式对边缘地区产生影响:首先是贸易,边缘地区向发达国家出口原材料,进口工业制成品。其次是经济剩余的转移,殖民者破坏了边缘的传统社会结构,对这些地区进行投资,将它们的工农业剩余掠走,剥夺了它们发展所需的资源。再次就是利用其政治军事优势,中心迫使边缘国家以优厚条件向外国投资者开放。"英国资本主义的侵略带给印度的这场灾难,达到了令人震惊的地步。从封建主义转向资本主义过渡的进程和作为其中一个组成部分的把资金转向资本积累的过程,在凡是它采取不可抗拒的进程的地方,都造成了大量的灾难、痛苦、贫困。社会经济剩余不仅改变了用途和带来了社会骚动、斗争和苦难,而且,其大部分来自对营养不良、衣不遮体、流离失所和劳累过度的劳

---

①[美]保罗·巴兰:《增长的政治经济学》,北京,商务印书馆,2000,第222页。

苦大众的榨取。这种经济剩余——尽管只是其中不完全的一部分——还被用之生产性投资,为最终的生产率和产业的发展奠定了基础,事实上,没有人会怀疑,如果把英国从印度榨取的大量的经济剩余投资于印度,那么印度的经济发展就会与目前的这种暗淡景象大相径庭"。①

除了历史上的殖民主义问题以外,巴兰认为殖民地独立以后,剩余转移的过程继续存在。因为新殖民主义采用了新的控制手段并继续造成不发达。剩余主要通过外国投资利润返回的方式,继续被抽取。巴兰认为外围社会的阶级结构被强化了,其国内的买办资产阶级和封建残余成为新殖民主义控制的代理。

总之,巴兰认为第三世界落后的原因是外生的,在于与西方的联系,而不纯粹是因为内部的原因。这种联系所造成的结果就是第三世界的不发达。

巴兰的著作在 20 世纪 50、60 年代对激进分子产生了巨大的影响,像冈德·弗兰克,多斯·桑托斯等依附论者的理论被看作是巴兰思想的扩展。他们认为拉美和第三世界的不发达是由于受到西方大国的影响的缘故。

长期以来,西方主流理论一再强调经济利益最终将延伸到社会上的每一个角落,也就是说,经济的发展有一种"扩散效果",当经济越来越繁荣时,下层阶级就能分配到更多。因此,开发的第一要务就是促进经济的繁荣。但第三世界的经验则恰恰相反,财富收入的分配越来越两极化。以传统的经济指标来衡量,成长是不争的事实,但大部分人的生活并没有得到改善,巴西经济学家富尔塔多(Celso Furtado)将这种现象称之为"没有发展的增长"(growth without development)。

新马克思主义者认为发展不同于"成长"或"增长",它不仅意味着生产的提高、更多的工业和产出,还意味着全球平衡发展,特别是边缘地区

①[美]保罗·巴兰:《增长的政治经济学》,北京,商务印书馆,2000,第 235—236 页。

民众生活水平的整体提高。这样,发展不是满足一小部分人的需要,而是满足社会大多数人的需要,特别是边缘人士的需要。任何发展只让小部分人受益而让大部分人受损就是不正义。新马克思主义者将批判的目标指向只注重经济成长的主流发展理论。

弗兰克将落后国家的状况总结为"欠发达"(underdevelopment),认为贫困国家的症结所在,并不是因为它们缺少资源、技术、现代化制度,或是欠缺有助于发展的文化特征,而是它们饱受全球性资本主义体制及其国内外的帝国主义代理人剥削所致。现代化理论家由于无视这种剥削的基本事实,因此无法准确地把握当前人类的处境。因此,弗兰克认为,要解决当前的发展问题,就必须与资本主义世界"脱钩",摆脱世界资本主义体制的束缚,才能获得真正的发展。

有些批判者将这种病症归结为外国势力对第三世界的渗透。外资渗透的结果往往导致经济的歪曲,即经济发展并非为了本国经济与社会,而是为了外国利益。在新殖民主义形态下,外商通常将利润转回到母国,而使第三世界的支付逆差不断增加,工业化畸形发展,并且越来越依赖于发达国家。巴西社会学家卡多索(Fernando Henrique Cardoso)将拉美的这一处境称之为"依附"性发展,由于本国特权阶层与外国势力结成同盟,成为他们的代理人,来剥削国内的其他人民,因而第三世界的苦难就与全球性的苦难联接在一起。所以,第三世界的发展策略首先是力求国家的独立自主,然后是摆脱世界资本主义的束缚,建立自身的社会经济制度。他认为外国势力渗透所带来的问题是资本主义发展的必然结果。

沃勒斯坦在此基础上更进一步,他所关注的不局限于拉美,而是近代以来的整个资本主义世界。他从资本主义生产方式的高度指出"中心"与"边缘"的内在关联。在他看来,资本主义与世界体系是一个硬币的两面,现代世界体系的扩张就是资本主义的发展。随着资本主义在近代的兴起和随后向世界的拓展,最终形成了一个统一的世界资本主义经济体,所有的市场都只是一个唯一的世界市场的组成部分,因而所有国家的经济活动都是全球劳动分工的一部分。以不同的劳动控制方式为基础的区域专业化日益扩大,整个世界都处在一个中心——半边缘——边缘这样一个空间结构中,中心的发展是以半边缘、边缘的欠发达为代价的。沃勒斯坦认为,发达与不发达不是民族国家独立发展的结果,而是资本主义世界体系发展的必然结果。因此,要改变这种不平等状态,唯有从根本上改变资本主义世界体系。

总之,新马克思主义者认为,资本主义本身就是一种在边缘地区复制不发达状况的机制,发达与不发达的两极化是资本主义世界体系发展的必然。他们认为,落后地区要实现独立的社会经济发展是不可能的。至此,新马克思主义对现代化理论提出的发展方案进行了彻底的颠覆。指出西方国家追求经济的成长是以边缘地区的欠发达为代价的。新马克思主义者把对成长的批判立基于对资本主义本身的批判。

0.4 对沃勒斯坦世界体系理论整体性解读的思路

沃勒斯坦是以世界体系理论的创始人而闻名于世,这种理论的创立以 1974 年《现代世界体系》第一卷的出版为标志,在 80 年代初,第二卷、第三卷相继推出。这套书一出版就引起了多方面学者的关注,据不完全统计,它已被翻译成十多种文字,在世界范围内被阅读、被研究。[①] 当然,沃勒斯坦的世界体系思想是作为一种方法、一种理论贯穿于他所有著作之中,而不是仅限于这一套书。同时它作为一种理论、一种方法,也不为沃勒斯坦一人所独享,而是被越来越多的人所接受,成为当代社会科学界有影响的分析工具。

世界体系理论之所以在世界范围内能产生巨大影响,首先在于它契

---

①[美]伊曼纽尔·沃勒斯坦:《现代世界体系》(1 卷),北京,高等教育出版社,1998,中译本序言第 2 页。

合了时代的脉搏。20世纪六七十年代世界范围内的民族主义运动风起云涌,反对帝国主义、霸权主义和新殖民主义成为新的时代主题。而在世界体系理论诞生地——美国,此时也兴起了学生运动、民权运动和黑人运动,一时间,贵为世界霸主的美国成为罪恶、反动的代名词,是第三世界贫困的元凶。与此相适应,学术领域内也出现了反西方中心主义的呼声。当时的社会环境对一批年轻的激进学者产生了极大的思想震动。

其次在于当时主流的社会发展理论——现代化理论已越来越受到质疑。现代化理论对当代社会发展问题,特别是欠发达地区的发展问题给予的诊断就是这些地区自身内部的一些传统因素影响了发展,开出的药方就是要克服这些传统因素的影响,要模仿当年的西方国家建立起与现代化相适应的制度。但是当代欠发达国家所面对的环境已大不同于当年的西方国家,自资本主义出现以来,全球一体化的趋势越来越明显,国际间的相互影响越来越大。因此,对单个国家的发展作原子式的孤立考察,显然不合时宜。更为关键的是,现代化理论无视不平等的资本主义世界对社会发展的影响,将所有的社会发展问题简化为一个经济成长问题,这是马克思主义所不能接受的。

作为一位新马克思主义者,沃勒斯坦在一定程度上继承了马克思的传统,又吸收了其他学派的一些观点,对近代世界历史进程作了整体性研究。他认为任何一个国家、社会的发展必须放到资本主义世界体系这样一个宏观背景下考察,才可能得出正确结论。在他看来,资本主义与世界体系是一个硬币的两面,现代世界体系的扩张就是资本主义的发展。随着资本主义在近代欧洲的兴起和随后向世界的拓展,最终形成了一个统一的世界资本主义经济体,整个世界都处在一个中心——半边缘——边缘这样一个空间结构中,这种结构不是资本主义发展的前提,而是其结果。按照这种逻辑,发达与不发达不是民族国家独立发展的结果,而是资本主义世界体系发展的必然。在沃勒斯坦看来,要解决当代社会发展问题,如果不对造成这种结果的根本制度进行批评,如果只是按照现代化理论方案去做,那么,发展就只是幻象而非指明灯。这样,沃勒斯坦通过世界体系理论的构建,也把当代社会发展问题与资本主义批判结合在一起。正如英国学者泰勒(Peter Taylor)所评论的,"沃勒斯坦对世界经济的探讨,为政治地理学家们重新回到全球性分析提供了机会……沃勒斯坦的探讨方法则是把南北对抗放到了世界舞台的中央"。[①]

从世界体系的角度来理解资本主义是沃勒斯坦的理论创新,也是他看待当代社会发展问题的关键。沃勒斯坦对资本主义的分析是基于他对资本主义生产方式的独特理解之上的。同马克思一样,沃勒斯坦也认为资本主义是一种生产方式,它是为利润而进行的生产。但是沃勒斯坦认为利润的主要来源不是资本家对工人的剥削,而是经济体内不同地区的剩余流动。因此,在资本积累的推动下,资本主义与空间扩张必然联系在一起,资本主义必然是一种世界体系,如果说依附论只是从历史现象上描述了西方资本主义造成了非西方国家的欠发达状态的话,沃勒斯坦则通过资本主义生产方式的本质来说明欠发达的根源。

沃勒斯坦的世界体系理论实际上就是他对资本主义的认识,也是他理解当代社会发展问题的逻辑起点。本论文以沃勒斯坦的世界体系理论为梳理对象,研究其产生的历史背景与理论根源、主要内容和特点,以及它在当代社会发展研究、当代社会科学研究等领域的影响。在肯定它的理论价值的同时,用马克思的基本理论和观点来对它进行分析,指出它的片面性。尽可能完整地介绍沃勒斯坦的世界体系理论。

论文的篇章结构安排如下:导言部分主要介绍当代社会发展问题的凸显及两种不同的解答模式,通过对新马克思主义作谱系学的考察,介绍沃勒斯坦的世界体系理论的来龙去脉。第1章主要介绍世界体系理论兴起的时代背景、学术渊源,以及沃勒斯坦的学术生涯。力图对世界体系理论的形成背景作一个宏观的、较全面的介绍。第2章详细介绍世界体系

---

① [英] 杰弗里·帕克:《20世纪的西方地理政治思想》,北京,解放军出版社,1992,第169页。

理论的内容,从方法论、资本主义世界体系的政治、经济、文化及世界体系的未来等方面来进行。沃勒斯坦认为现代世界体系的形成及扩张决定了近代世界的基本结构,当代社会发展问题起源于此,其解决方案也只能由此得出。第3章介绍世界体系理论的影响及其争论。沃勒斯坦的理论以其独特的视角、独到的见解而著名,由此也引起许多争论,但更多的是推动了当代社会科学研究、社会发展研究。第4章是从马克思主义的立场、方法对世界体系理论进行评论。沃勒斯坦站在欠发达地区的立场上对不合理的资本主义世界体系进行了全面的批判,表明了马克思主义的一贯态度。但由于缺乏辩证方法,其理论走向极端,带有片面性。更为突出的是,由于沃勒斯坦坚持"流通主义的资本主义"观点,使他无法对资本主义生产领域进行详细分析,过于强调国际交往对社会发展的影响。这与马克思坚持从生产方式入手分析资本主义是有区别的。本章的最后一部分指出沃勒斯坦的历史虚无主义是不可取的,在现有条件下,欠发达地区采取可行措施,完全可以获得发展,并为最终改变资本主义世界体系准备条件。在结语部分,力图从总体上把握沃勒斯坦的世界体系理论。

第1章　世界体系理论的兴起

　　时代呼唤理论创新。20世纪30年代资本主义大萧条引发了凯恩斯革命,西方资本主义国家对自己的传统发展模式进行反思、改革,从而造就了战后发达国家的社会发展理论;而被称为是欠发达国家的社会发展理论的沃勒斯坦思想,则是60、70年代欧美的各种激进运动的产物。校园抗议、反战示威、妇女解放运动、反种族歧视运动,再加上70年代石油危机、美元贬值以及美国在两极争霸中此时处于守势,这些都极大地挫伤了美国的自信心。在年轻的激进主义者那里,美国成了资本主义和罪恶的代名词,成为一个剥削者和世界贫困的元凶。作为其中一些活动的积极参与者,沃勒斯坦最后成为左派思想家、战后新马克思主义者,这是不意外的。而重新思考"资本主义、工业主义与民族国家"的历史、呼吁建立新的国际秩序和关注欠发达地区的命运成为沃勒斯坦一生的事业。

1.1　现代化理论的困境

　　发达、欠发达现象是怎样产生的? 其根源是什么? 欠发达国家能否发展起来? 怎样发展? 其前途如何? 欠发达的原因是什么,如何才能获得发展? 人们应当过上一种什么样的生活? 这是20世纪中期社会理论界关注的一个焦点,欧美知识界提出的现代化理论对这些问题作出了系统的回答,并在上个世纪五六十年代曾经盛极一时,主导了社会发展问题的研究。后来由于发达国家本身出现了社会危机,再加上自身理论的缺陷,现代化理论成为另一些学者批判的靶子,也成为新的社会发展理论成长的一个诱因。正如斯科克波(Theda Skocpol)所说,沃勒斯坦提出世界体系理论,"旨在与'现代化'诸理论在概念上,有个分明的突破,并提出一个新的理论范型,来指导我们研究资本主义、工业主义与民族国家的起源与发展"。① 我们在这里有必要先了解现代化理论所碰到的问题。

1.1.1 现代化理论的兴起

严格说来,现代化理论是战后的历史产物。首先,战后美国作为一个超级大国出现在历史舞台上,而其他的传统强国如英国、法国和德国都被战争所削弱。美国提出重建欧洲的马歇尔计划,并实际担负起管理世界事务的责任,因而也成为一个世界的"领袖"。同时,由于共产主义的传播,苏联的影响也从东欧扩大到亚洲、拉美等地区。其次,由于殖民体系的瓦解,亚非拉等地区诞生了大量的民族国家,这些国家都在寻找一种发展的模式,以便能提升经济和扩大独立性。在这样一种背景下,美国的政治精英就鼓励其社会科学家研究第三世界的情况,主张发展这些国家的经济、维护其政治稳定,以免它们落入苏联集团。

在美国政府和一些私营机构的慷慨资助下,新一代的美国政治学家、经济学家、社会学家、心理学家、人类学家和地理学家们通过总结西方的现代化经验,提炼出一套现代化理论来指导欠发达地区的发展。这些学者出版了大批的有关西方国家及第三世界研究的著作和论文。可以说在50、60年代,现代化研究主导了西方社会发展理论研究。

1.1.2 现代化理论的主要观点

现代化理论的两个核心概念就是"传统"与"现代"。所谓现代化,简

---

①萧新煌编:《低度发展与发展——发展社会学选读》,台湾,巨流图书公司,1991,第403页。

单地说就是传统社会向现代社会的转变过程。这一过程涉及人类生活所有方面的深刻变化。概括起来讲,现代化可以看作是在经济领域实现工业化、市场化,政治领域实行民主政治,在社会领域实现城市化、科层化,价值观领域实现理性化。① 这种变化的动力从根本上来说,是在科学革命的推动下,人类不断增强的对自然和社会的影响力。现代化理论就是对这种变化过程的系统认识。

现代化理论并不是一个统一的理论,人们往往从不同的学科来对它进行探讨。经济学家就认为,现代化是指工业和服务业在社会中占有绝对的优势并起主导的作用,可以用人均国民收入以及三种产业在国民总收入中的比重来加以衡量。沃尔特·罗斯托的理论就是这一方面的典型。在他看来,所谓现代社会就是在经济上具备自我持续增长能力的社会。他认为,任何社会迟早都会经历经济增长,而经济增长一般都可以分为五个阶段,即"传统社会阶段,为起飞创造前提条件阶段,起飞阶段,走向成熟阶段和大众高消费阶段"。罗斯托认为,传统社会是在有限的生产函数内发展起来的,它以前牛顿时代的科技为基础,尽管传统社会不排斥经济增长,但只是一种量的增加,没有质的飞跃。与此相适应,形成了一阵僵化的社会结构,血缘关系在社会中发挥重大作用,宿命论主导价值体系。而经济起飞必须具备的条件是:储蓄和投资率要占到国民总收入的10%以上,有某个或某些生产部门呈现高速度的增长,成为先导部门,存在有利于促进现代化的社会观念和政治制度。但传统社会都不具备这些条件。

社会学家认为现代社会与传统社会之间的根本差别在于社会分化和整合的程度。他们从结构功能的角度把社会系统作为分析的基本单位,把社会的发展过程看作是结构的分化和功能的专门化。艾森斯塔德(S. N. Eisenstadt)就使用分化和整合的分析框架来研究现代化,将现代化解

①[美]西里尔·E·布莱克编:《比较现代化》,上海,上海译文出版社,1996,前言第7页。

释成一种新的社会结构的形成,"首先是形成一种社会结构,它既包含各种结构的分化和制度变革的倾向……因此,随着现代化而产生的关键问题,乃是形成中的新社会结构处理这种持续变迁问题的能力;换言之,也就是持续发展问题,即形成一种能够容纳持续变迁的问题与要求的制度结构"。① 艾森斯塔德强调分化以后形成的"结构弹性",只有形成了"结构弹性",社会才能容纳持续的变迁,容纳多样性,社会才具有创新能力不断发展。在结构功能主义者看来,现代社会是一个结构日趋复杂、功能日趋专门化的复杂系统,大系统下面又包含小系统:它有独立的经济系统、高效的行政系统、社会成员按照职业分工所形成的分层系统、自由的宗教信仰系统以及多元化的价值系统。分化与整合的过程渗透到社会的方方面面,从而使社会充满了活力。

那么,分化与整合又是怎样产生的呢? 尼尔·斯梅尔塞(Nell J. Smeilser)将其归结为经济增长。他说经济增长使社会结构产生四个方面的转变:从简单技术到复杂技术的转变,从自给性农业到商品化农业转变,从人力、畜力向机械化动力转变,从农业人口为主到以城市人口为主的转变。但经济增长又是怎样产生的? 这些社会学家们将其归结为文化。艾森斯塔德在其《帝国的政治体系》中,对中华帝国、萨珊波斯、拜占廷帝国等帝国时期的社会分化作了比较研究。他认为,在这些帝国里,积累的分化都是有限的。中国历史上的士、农、工、商的身份秩序,是一种简单的分化,不但不能促进社会进步,反而成了社会转变的障碍。相反,西方的基督教文化却提供了更为优越的现代化初始条件。帕森斯认为,现代意义上的社会共同体的分化最早始于英法两国,以自治城市的出现为标志,文艺复兴和宗教改革促进了社会分化和整合。而英国工业革命和法国大革命使西欧的现代社会系统进入一个新阶段。

在政治方面,落后国家面临的问题是多方面的,如民族国家的认同,

---

①[美]艾森斯塔德:《现代化:抗拒与变迁中》,北京,中国人民大学出版社,1988,第49页。

社会集团的权力分享要求,福利、机会的重新再分配等。传统政治构建越来越不能适应新形势,必须实现政治现代化。那么什么才是政治现代化?人们一般将它归为3个方面①:(1)政治权威的理性化。由单一的、世俗化的全国性的政治权威取代各种传统的、宗教的、宗族的或种族的政治权威;对外坚持民族国家的主权,对内坚持中央政府的主权;政治权力的变动按照公共选择的规则和程序进行。(2)政治功能的分化。各种专门职能部门相分离,科层组织更精密,更复杂,更有组织性,形成完善的输入、综合、决策、输出和反馈机制,能够及时地以制度化的方式提供社会管理,职务的分配以个人成就为标准。(3)政治参与的扩大。人们的政治参与意识较高,社会自由扩大,民主选举政治领导人,民众对政府决策和政府行为有制约能力。

　　二战以后,发展中国家的政治稳定成为学者们关注的重点。为什么越是落后的国家越是充满了暴力、腐败、军事政变?亨廷顿就认为,不稳定是内在于现代化过程之中的。不稳定的原因,"主要是社会飞速变革,以及新的社会集团被迅速动员起来涌进政治领域,而同时政治制度却发展缓慢的结果"。② 对于一个不稳定的国家来说,"首要的问题不是自由,而是创建一个合法的政治秩序。很显然,人类可以无自由而有秩序,但不能无秩序而有自由。必须先有权威,然后才能对它加以限制。在那些现代化中国家,政府面对心怀离异的知识分子、粗暴蛮横的军人和放纵不拘的学生,深感束手无策、无力驾驭局势,其原因正是由于缺少权威"。③ 因此,建立起稳定的合法政治体制是政治现代化的前提。

　　在由传统社会向现代社会的过渡过程中,除了政治、经济、社会等方面必须发生变迁外,作为主体的人也必须随之改变,否则不可能实现真正的现代化。今天一些发展中国家从先进国家引进政治制度、科学技术、企

---

①尹保云:《什么是现代化》,北京,人民出版社,2001,第152页。

②[美]塞缪尔·亨廷顿:《变革社会中的政治秩序》,北京,华夏出版社,1988,第4—5页。

③[美]塞缪尔·亨廷顿:《变革社会中的政治秩序》,北京,华夏出版社,1988,第8页。

业管理方法,这些先进的东西在发展中国家往往无法发挥作用。这些事例向人们表明:"如果一个国家的人民缺乏能够赋予先进制度以生命力的广泛的现代的心理基础,如果掌握和运用先进制度的人本身在心理、思想、态度和行为上还没有经历一场向现代化的转变,那么失败和畸形的发展就是不可避免的。"①在任何时代,人都是变化的最基本因素。一个变迁中的社会,只有国民在心理和行为上都发生了转变,形成了现代的人格,这个社会才能称作是真正的现代社会。而一些发展中国家之所以发展不起来,不是机器不先进,不是制度不现代,而是人的心理因素阻碍了现代化进程,从这个方面讲,不发达和落后是一种心理状态。

总的说来,现代化理论坚持传统与现代的二分法,把社会变迁和经济发展解释成经历一系列有序的、单一方向的阶段,不断分化社会结构,最终成长为更高的社会形态。而欠发达地区之所以不发达,就在于自身的传统因素阻碍了社会发展。这些地区要实现发展,都应该按照西方国家所走过的道路,去除自身不符合现代化的要求的因素,努力实行工业化、城市化、民主化。而实现了现代化的国家则都带有相同的特征,也就是说,在现代化过程中,世界将同质化。

1.1.3 对现代化理论的批判

现代化理论是在特定历史条件下,为了达到一定目的而提出的。到了 20 世纪 60 年代末、70 年代初,这种理论的缺陷日益显露。

(1)单向度的发展

批评者指出现代化理论存在一个单向度的进化论预设,认为现代化就是所有国家、所有民族都必须经历一个普遍的"进化"过程,也就是西方

---

①转引自[美]西里尔·E·布莱克编:《比较现代化》,上海,上海译文出版社,1996,前言第14页。

发达国家所走过的道路。它具有普遍性、进步性、渐近性等特质,现代化也是全球同质化。

其次,对单向发展道路的迷信导致现代化理论家排除了第三世界其他的可选择性。由于断定西方模式是理性的、进步的和未来的,实际上是否定了第三世界有其他选择的可能。

第三,批评家认为现代化理论家都是乐观主义者,将社会变迁看作是平滑、渐近和没有曲折的过程。他们错误地认为既然西方取得了发展,第三世界也必定能取得发展。他们没有充分探讨不发展的可能性。然而现代化的中断是完全可能的。批评家指出有许多第三世界国家的状况比以前更糟,完全走向现代化主张的反面。

第四,现代化理论有欧洲中心主义的倾向。从历史来看,现代化实践首先发生在西欧,然后传播扩大到欧洲其他地区和北美。从 20 世纪起,亚洲、非洲和拉美的国家也先后开始了现代化进程。正因为如此,早期的现代化理论家将现代化定义为西欧的制度和价值观念向世界其他地区的传播过程。把现代化进程看作是西方文明向全世界传播的过程,实质上就是将现代化理解为西方化。批评家认为,这明显的是一种欧洲中心主义的表现。

(2)传统与现代的对立

现代化理论设定传统与现代不能兼容。它们对这两个概念及其关系作了过于抽象、过于简单的理解。首先,无论是"传统"还是"现代",都包含有多样性。其次,将传统价值与现代价值看作是相互排斥的也是错误的。实际上它们是可以共存的,现代的事物中包含有传统的因素,传统中也有现代的因子。传统与现代之间更多的是一种承接、转化的关系而非断裂的关系。人们常常可以看到在传统社会里,现代价值经常在场。另一方面,在现代社会里,一些传统价值又在场。例如,在现代日本,"忠诚于帝王"的传统价值很容易转换成"忠诚于公司",它有利于增加工人的生产率和提高公司的凝聚力。

(3)对外部环境、历史条件的忽视

学者们在批判现代化理论时指出:现代化理论家们专注于所谓优秀的西方文化、精神和价值取向,将这些西方的东西看作是现代价值,要把它移植到欠发达地区,并完全否定这些地区的历史有承续现代化的作用。他们很少研究外部因素的影响,很少讨论殖民统治、西方与第三世界之间的不平等贸易和国际体系的性质等问题。从方法论上讲,现代化理论把资本主义世界经济中的发达与不发达视为一个同质体系中的连续状态,认为这两部分的社会经济运动是受相同行为方式和运行规律支配的,从而抹煞了它们之间质的差异,把经济发展过程简单归结为总量经济指标的一维增长过程。而事实上,当代资本主义世界是发达与不发达并存的世界,发达国家对不发达国家有着极大的冲力。这种冲力的传递,在相当大的程度上改变了不发达国家经济发展过程的性质和特点,后来者面临的问题实际上大大不同于先行者。

另外,现代化理论在 70 年代初受到现实的有力挑战,在其指导下实施的社会发展计划困难重重。首先是西方资本主义国家在经历了战后所谓的"黄金 20 年"后,此时经济增长趋于停滞。美国在两强争霸中,此时转入守势。并且在发达国家内部先后都出现了反抗运动,如法国的"五月风暴"、美国的校园抗议、反战示威、妇女解放运动、反种族歧视运动。这些运动使得西方国家的形象大打折扣,在年轻的激进主义者那里,美国成了资本主义和罪恶的代名词,成为一个剥削者和世界贫困的元凶。此时西方国家倡导的现代化理论自然受到质疑。

其次,经过战后 20 年的发展,南北差距在加大。"那时,发达国家平均的单位资本收入比不发达地区高 4 倍,18 世纪中期这两者大约是相等的,再早 200 年,很多非欧洲国家比欧洲还要富"。① 许多国家都按照现

---

① [英] M. C. 霍华德、J. E. 金:《马克思主义经济学史 1929—1990》,北京,中央编译出版社,2003,第 167 页。

代化理论开出的药方去做,但并没有出现所期待的结果。

1.2 思想渊源

在 20 世纪 70 年代,现代化理论已遭到人们的猛烈批判,而与之相论战的依附论也有不少理论盲区,如东亚的崛起就很难用"依附发展"来解释。于是在前人的基础上,沃勒斯坦提出了自己的一套社会发展理论,"来指导我们研究资本主义、工业主义与民族国家的起源与发展"。① 这一理论被称为"抓住了新一代社会学家的想象力"。而要追溯他的这一思想的来源的话,有四大学派对他影响最大,它们是马克思主义、依附论、德国历史经济学和法国的年鉴学派。就其理论特点来讲,这四大学派都与在英美居主流地位的自由主义相对立。②

1.2.1 马克思主义

沃勒斯坦被称作为"西方马克思主义者",是一位左派思想家,而他的"世界体系理论是 1970 年代作为马克思主义理论复兴的一部分而出现的"。③ 足可见得马克思主义对它的影响。

(1)马克思

歌德弗兰克(Walter L. Goldfrank)认为沃勒斯坦从马克思那里继承的"遗产"很多:第一,人们团体之间的社会冲突主要是在于物质利益上的

---

①萧新煌编:《低度发展与发展——发展社会学选读》,台湾,巨流图书公司,1991,第 403 页。

②Walter L. Goldfrank, "Paradigm regained? The rules of Wallersteins' world − system method", *Journal of World − Systems Research*, Vol. Ⅺ. 2000,p.160.

③Thomas Richard Shannon, *An Introduction to the World − System Perspective*, San Francisco, Westview Press,1989. p.2.

沃勒斯坦世界体系理论研究

冲突；第二，沃勒斯坦同马克思一样关注社会发展的总体性；第三，坚持社会形态说，沃勒斯坦将资本主义称之为"历史资本主义"，强调它具有暂时性，是向"世界社会主义"过渡前的一个历史阶段；第四，坚持资本积累在资本主义世界中的中心地位；第五，他们都认为资本主义内在矛盾的辩证运动推动世界走向社会主义。① 而实际上，沃勒斯坦在运用马克思的这些观点的时候，都作了修改，只是"貌似而神不似"，这也是新马克思主义的特点。我们将在后面的详细分析中可以看到这一点。

资本积累理论以及剩余价值理论是马克思分析资本主义社会的精髓。沃勒斯坦也把资本积累看作是维持资本主义世界体系的主要活动，在这一点上，沃勒斯坦受马克思的影响最大，当然同时也带有他自身的特点。正如沃勒斯坦的同事霍普金斯(Terence K. Hopkins)所说的："马克思关于资本主义的资本积累理论（'资本的自我扩张'）对我们来说是一个非常有用的出发点，其原因有二：一是它在现代世界体系的发展中是一个中心主题；另一个就是他的视角，他的理论实际上是关于这一主题的唯一的理论，不是或隐或明关于国内（或国际）发展，而是关于资本主义一般的唯一的理论，正如我们所解释的，关于世界范围内的资本主义发展。"② 马克思的资本积累理论是建立在劳动价值理论基础之上，在马克思看来，资本是一种社会关系，表明了资本家与无产者之间的关系。在资本主义社会，竞争是一种常态，竞争的主要形式和内容就是资本积累。资本积累成为决定资本家生死存亡的关键。而劳动者除了自己的劳动力以外，再也没有出卖的东西。资本家拥有资本，就拥有了剥削劳动者剩余价值的权力。资本家在获得剩余价值之后，为了在今后的竞争中处于更加有利的位置，将相当一部分的剩余投入再生产，这样，剩余价值就源源不断转变

①Walter L. Goldfrank, "Paradigm regained? The rules of Wallersteins' world — system method", *Journal of World—Systems Research*, Vol. Ⅺ. 2000, p. 163.

②Terence K. Hopkins and Immanuel Wallerstein(eds), World—system *Analysis: Theory and Methodology*, Sage Publications,1982,p. 14.

为资本。由于资本天生就具有的扩张性,资本积累的范围会扩大到全球。"这种剥夺是通过资本主义生产本身的内在规律的作用,即通过资本的集中进行的。一个资本家打倒许多资本家。随着这种集中或少数资本家对多数资本家的剥夺,规模不断扩大的劳动过程的协作形式日益发展,科学日益发展,科学日益被自觉地应用于技术方面,土地日益被有计划地利用,劳动资料日益转化为只能共同使用的劳动资料,一切生产资料因作为结合的社会劳动的生产资料使用而日益节省,各国人民日益被卷入世界市场网,从而资本主义制度日益具有国际的性质"。①

随着资本积累的不断进行,社会两极分化也日益严重。一方面是社会财富日益集中到少数资本家手中,另一方面是无产阶级日益贫困化,最终的结果就是资本主义的灭亡。"随着那些掠夺和垄断这一转化过程的全部利益的资本巨头不断减少,贫困、压迫、奴役、退化和剥削的程度不断加深,而日益壮大的、由资本主义生产过程本身的机构所训练、联合和组织起来的工人阶级的反抗也不断增长。资本的垄断成了与这种垄断一起并在这种垄断之下繁盛起来的生产方式的桎梏。生产资料的集中和劳动的社会化,达到了同它们的资本主义外壳不能相容的地步。这个外壳就要炸毁了。资本主义私有制的丧钟就要响了。剥夺者就被剥夺了"。②

同马克思一样,沃勒斯坦认为资本积累是资本主义的主要动力。"资本进行无休无止的积累是资本主义文明得以存在的原因,也是它的中心活动"。③ 不过他将资本积累看作是主要在国际间进行,准确地说,剩余价值是通过交换由边缘向中心转移的。中心为了提高其利润率,需要新的劳动力、新的市场、新的原料来源,这就必须不断地把新的地区纳入到这个资本主义世界体系中来。这样做的结果就是资本主义体系自16世纪初步形成以来,就一直处于扩张之中。同时它也意味着资本积累有一

---

① 《马克思恩格斯选集》(2卷),北京,人民出版社,1995,第268页。
② 《马克思恩格斯选集》(2卷),北京,人民出版社,1995,第269页。
③ 〔美〕伊曼纽尔·华勒斯坦:《历史资本主义》,北京,社会科学文献出版社,1999,第91页。

个极限,当再也没有新的地区可以纳入时,世界体系也就意味着灭亡。沃勒斯坦认为,到目前为止,"世界经济所能包括的新地区,看来在这方面我们已经达到最大限度;把以土地为基础的农村劳动力转变为部分终生依靠工资为生的城市工人的劳动力储备枯竭程度,在这方面我们在不久的将来便接近最大限度"。① 资本积累所碰到的困境表明资本主义已进入困境。

(2)罗莎·卢森堡

沃勒斯坦主要受到卢森堡的"消费不足理论"的影响。19世纪末标志着资本主义发展进入一个新的阶段,即列宁所称的资本主义的"帝国主义阶段"。这一时期,国际贸易增长迅速,资本输出发展很快,资本市场已经国际化了。整个世界更加紧密地联系在一起。如何从整体上来思考资本主义世界的发展成为这一时期的时代主题。罗莎·卢森堡就是这样一位杰出的马克思主义理论家。她的著作《资本积累论》发表于1913年,在其中,卢森堡联系马克思的再生产理论,探讨了资本主义积累和扩大再生产问题。她认为如何实现积累和扩大再生产是个关键问题。她提出消费不足理论,认为剩余价值的资本化部分,只有在非资本主义生产的社会阶层和社会形态中才能找到购买者,而不可能由工人和资本家来实现。原因在于工人阶级不管其生活水平的高低,他们只能消费社会总资本中的可变资本;而资本家不管其生活如何奢侈,也只能消费剩余价值的一部分。用于扩大再生产的那部分价值只能"是由那种属于非资本主义生产方式的社会阶层或社会结构来实现的"。② "所以从剩余价值的实现及不变资本要素的取得两方面来看,国际贸易,一开始就是资本主义历史存在的首要条件。因为国际贸易,在实际的情况下,基本上是资本主义生产形态与非资本主义生产形态之间的交易"。③ 剩余价值的实现对于资本主

①[美]伊曼纽尔·华勒斯坦:《历史资本主义》,北京,社会科学文献出版社,1999,第96页。
②[德]罗莎·卢森堡:《资本积累论》,北京,三联书店,1959,第276—277页。
③[德]罗莎·卢森堡:《资本积累论》,北京,三联书店,1959,第289—290页。

义生产关系重大,"它的确是依存于非资本主义的消费者。因此,剩余价值的非资本主义购买者之存在,乃是资本及其积累的直接的生存条件"。① 这样通过消费不足理论,卢森堡就认为非西方国家的命运同资本主义国家紧密联系在一起。

沃勒斯坦的世界体系理论深受卢森堡的影响,不仅认为非资本主义世界的存在是维系资本主义命运的必要前提。更进一步的是,中心对边缘的剥削不是资本主义发展某一阶段的表现,而是资本主义的一种常态。在他看来,资本主义生产体系就是中心——半边缘——边缘这样一个空间结构,居于中心的发达资本主义地区就是依靠从边缘、半边缘的剩余转移来维持运转的。沃勒斯坦将消费不足理论发挥至极致,导致他对资本主义重新界定,他不是从生产关系而是从流通关系来定义资本主义。从中也见得卢森堡对他的影响。

(3)列宁

列宁的帝国主义理论影响了沃勒斯坦。列宁的理论也是在帝国主义语境下完成的,但不同于卢森堡的是他将19世纪末所出现的状况解释为资本主义发展的一个重要阶段。就是列宁所称的资本主义的"帝国主义阶段"。这时,资本主义国家的各种公司的规模迅速地扩大,以卡特尔、托拉斯等为形式的垄断得以扩展。国际贸易增值迅速,资本输出发展很快,资本市场已经国际化了,世界资本主义经济比以前更加紧密地整合在一起。为控制殖民地,各个欧洲国家展开激烈争夺。并且资本主义世界日益明显地分为发达国家和不发达国家。面对新的历史形势,列宁发展了马克思主义,在《帝国主义是资本主义的最高阶段》、《马克思主义和修正主义》、《机会主义和第二国际的破产》和《论"对马克思主义的讽刺"和"帝国主义经济主义"》等著作中系统地研究了帝国主义的形成、演变及历史趋势。列宁强调帝国主义最根本的特征就是由生产和资本的集中所形成

---

①[德]罗莎·卢森堡:《资本积累论》,北京,三联书店,1959,第283—284页。

的垄断,工业资本和银行资本融合,形成金融资本,金融寡头控制了国内经济和政治;资本输出逐渐成为金融资本对外扩张的重要特征;帝国主义在经济上分割世界,企图实现对全世界的殖民统治。

从列宁那里,沃勒斯坦理解了帝国主义竞争性——他称之为中心国家之间的竞争——以及反帝国主义革命的重要性。[①] 沃勒斯坦认为,在国家体系中存在着不平衡性,中心区的国家寻求霸权以获得超额利润。霸权国家的政治机器有选择地干预市场以加速其资本积累。由于这些发达资本主义国家的目的就是剥削欠发达地区,因此,它们不可能承担发展经济、传承文明的作用,世界不可能沿着帝国主义的道路发展下去,因而必须改变旧的国际秩序,才能为欠发达地区创造一个好的发展环境。这是这些地区获得发展的前提。应该说,沃勒斯坦的这些思想都受到列宁的影响。

1.2.2 依附论

现代化理论被看作是从美国和其他西方国家的视角来讨论发展问题,依附论则被认为是从第三世界的立场来看社会发展,代表了"来自边缘的声音"。是对西方所主导的关于发展问题的话语霸权所提出的挑战。由于其激进的主张,依附论被国外学者称之为"新马克思主义",但根据国内的习惯,本文将它单独列出进行介绍。

(1)普雷维什

二战以后,尽管许多的前殖民地取得了政治独立,但经济上仍从属于发达资本主义国家,仍处于不发达状态。以普雷维什为首的一些学者认为,资本主义世界经济实际上扩大了发达国家与不发达国家之间的不平

---

① Walter L. Goldfrank, "Paradigm regained? The rules of Wallersteins' world—system method", *Journal of World—Systems Research*, Vol. Ⅵ. 2000, p. 164.

等。在 19 世纪,贸易还是经济增长的发动机,但到 20 世纪,贸易再也不能发挥这种作用了。因为国际市场的不完善扩大了国家之间的不平等。世界经济是以高度工业化国家为"中心"并以不发达国家为巨大"外围"构成的。由于不发达国家经济结构的特点和沿袭旧的国际分工,技术进步对工业化的中心和非工业化的外围产生了不同的后果。贸易条件有利于中心国家而不利于外围国家。外围不得不出口大量的食品和初级产品,以支付从工业国的进口。为改变这种状况,在普雷维什主持的联合国拉美经济委员会(ECLA)提出不发达国家应当工业化,推行"进口替代战略",减少对发达国家的依赖。从而改变它在国际资本积累中的不利地位。许多拉美的民众政府在 50 年代都执行了 ECLA 的保护主义和工业化的发展战略,实行进口替代政策。人们都热切盼望经济增长、福利、民主。但是在 50 年代短暂的经济扩张之后,很快就转变为停滞。在 60 年代,拉美饱受失业、通胀、货币贬值、贸易下降等经济问题的困扰。民众抗议之后就是民众政权的垮台、军人政权或威权政权的上台。进口替代并未使不发达国家实现持久的经济增长,其传统的社会经济条件依然如故,毫无触动,并且这种战略加深了当地封建主与国际资本主义的联盟,收入不合理现象更加突出。跨国公司则趁机扩大了对不发达国家经济的控制。

尽管拉美的社会发展计划失败了,但普雷维什作为依附论的先驱,对后世影响很大,特别是他将全世界作为一个整体,把发展和欠发展看成是各个部分相互影响的结果,启发了后来者。依附论的"中心——卫星"概念就来自于普雷维什。

(2)巴兰、斯威奇

巴兰是新马克思主义的开启人,是第一个对当代不发达国家政治经济问题进行研究的经济学家。他的理论最早勾勒了依附理论的轮廓,被称之为"依附理论之父"。巴兰于 1957 年出版的《增长的政治经济学》是集中论述欠发达问题的第一部著作,具有广泛的社会影响。他与另一位西方马克思主义者斯威奇合作的《垄断资本》发表于 1966 年,他们两人共同推动了美国的激进主义。

这些激进主义者多半是西方马克思主义者,他们从经典马克思主义学说中获取理论武器,对资本主义的社会发展进行分析。更具体的说,他们主要是受到马克思主义的帝国主义理论影响。于发达资本主义国家剥削殖民地的历史事实中,得出了资本主义是欠发达的根源的结论。他们从发达国家和欠发达国家的关系出发,从历史与现状两个方面去认识依附关系。巴兰对欠发达地区在近几个世纪的社会发展状况很担忧,"为什么落后的资本主义国家没有沿着其他资本主义国家的历史所常见的资本主义发展道路前进,以及为什么它们一直没有什么进展或进展缓慢?对这个问题的正确回答是极其重要的"。① 巴兰认为,经济剩余是回答这一问题的一个重要概念,他认为,经济的增长主要是剩余的大小及对其利用的结果。把剩余用于生产性投资,经济就会增长,剩余积累得越多,增长得就越快。如果经济出现停滞,要么是因为剩余不足以用来扩大生产,要么是过多的剩余被用到非生产性消费上了。巴兰认为资本主义产生以后,世界剩余产品在不同地区的分配形成了中心与外围的分化。

在殖民统治时期,西方赤裸裸的掠夺不仅使欧洲人支配的经济剩余成倍增长,还打乱了亚非拉地区的"整个发展,并且急剧地影响了其后的发展进程"。除了历史发展的问题以外,巴兰认为殖民地独立以后,剩余转移的过程继续存在。因为新殖民主义采用了新的控制手段并继续造成不发达。剩余主要通过外国投资的利润返回方式,继续被抽取。巴兰认为外围社会的阶级结构被强化了,其国内的买办资产阶级和封建残余成为新殖民主义控制的代理。总之,在巴兰看来,在资本主义世界中,形成了特殊的结构体系,在其中进行的是一场"零和"博弈活动,一些国家的发展是以另一些国家的欠发达为代价的。这些观点都为后来的依附论理论

① [美]保罗·巴兰:《增长的政治经济学》,北京,商务印书馆,2000,第 224 页。

家和沃勒斯坦所继承。

(3) 弗兰克等

经由巴兰、斯威奇、普雷维什等人奠定基础以后,依附论经过弗兰克、卡多索、多斯桑托斯、阿明等人的发展,在 20 世纪 60 年代终于形成一种影响深远的理论流派。但依附论内部派别众多,论战繁纷,后人对他们有多种归类。① 比如说分为:(1)结构主义依附论,以塞尔索·富尔塔多、阿尼瓦尔·平托为代表,他们主张国家干预、工业化和群众参与改造不合理的经济结构,实现民族经济的自主发展。(2)不发达的发展论,其代表人物是弗兰克,认为战后拉美国家的社会经济实质是一种"不发达的发展",发达国家与不发达国家之间形成了一种"中心"与"卫星"的依附关系。(3)新依附论,多斯桑托斯是其代表。在他看来,仅从外部找原因是不够的,如果没有拉美国家内部结构和对外关系发生变化的话,依旧不能摆脱对西方的依附。他主张进行社会主义革命来实现这一目的。(4)依附发展论,以巴西的卡多索、智利的法莱托为代表。他们认为依附于国际资本,第三世界有一些发展,不过造成了社会利益的分裂,即与跨国公司有关联的利益对立于被边缘化了的利益。

尽管如此,这些学者在一些主要问题上观点相近,正是这些观点构成了依附论的总体框架:首先,资本主义体系的本质造成了二元对立的格局。他们都认为,资本主义的运动规律迫使它向世界不发达地区扩张。由于国内消费不足和利润率降低,发达资本主义国家必须控制和剥削不发达国家,从而导致工业中心和依附性外围之间的等级关系。这种等级关系广泛地存在于整个资本主义世界中,就是在欠发达国家内部也存在这种关系,如大城市与中小城市之间,中小城市与农村之间,"资本主义体系就如一群卫星环绕着一个中心星辰旋转的体系。这个中心星辰剥削由卫星和次卫星组成的整个体系。而这些卫星和次卫星则又剥削体系内位

---

① 参见孙来斌、颜鹏飞:《依附论的历史演变及当代意蕴》,《马克思主义研究》,2005,第 4 期。

于其下的其它实体"。①

其次,发达与不发达之间是一种共生共存的关系。巴兰在其《增长的政治经济学》中就强调发达国家的发展是以不发达国家为代价的。在弗兰克看来,第三世界的落后不能由它们本身的传统或文化来解释。事实上,将第三世界刻画成"原始"、"传统"是错误的,因为许多国家,如中国和印度在 18 世纪殖民主义进入之前都是相当先进的。殖民主义侵略倒转了许多"先进"第三世界国家的发展,迫使它们进入经济落后之路。弗兰克提出了"欠发达的发展"(the development of underdevelopment)(有的地方译为"不发达")概念来表明西方造成了非西方社会的扭曲发展,以此来区分另一种未发展(undevelopment)状态,它指的是资本主义兴起前的状态。而现代化理论则混淆了这两者。"稍有一点历史知识就可以看出,不发达状况既不是原始的也不是传统的,而不发达国家的过去或现在同目前发达国家的过去也并无任何重大类似之处。目前的发达国家过去虽然可能经历未发展状态,但是决没有经历过不发达状态"。②"造成不发达状态的正是造成经济发达(资本主义本身的发展)的同一历史进程"。③

再次,依附是第三世界的本质特征,它既是不发达的外在表现,也是产生不发达的根源。何谓依附?巴西学者多斯桑托斯给了一个经典的定义:"依附是这样一种状况,即一些国家的经济受制于它所依附的另一个国家经济的发展和扩张。两个或更多国家的经济之间以及这些国家的经济与世界贸易之间存在着互相依赖的关系,但是结果某些国家(统治国)能够扩展和加强自己,而另外一些国家(依附国)的扩展和自身的加强则仅是前者扩展——对后者的近期发展可以产生积极的或消极的影响——

①[巴西]特奥托尼奥·多斯桑托斯:《帝国主义与依附》,北京,社会科学文献出版社,1992,第 308 页。
②[德]冈德·弗兰克:《不发达的发展》,载查尔斯·K·威尔伯主编:《发达与不发达问题的政治经济学》,北京,中国社会科学出版社,1984,第 146 页。
③[德]冈德·弗兰克:《不发达的发展》,载查尔斯·K·威尔伯主编:《发达与不发达问题的政治经济学》,北京,中国社会科学出版社,1984,第 151 页。

的反映,这种相互依赖关系就呈现依附的形式"。① 依附不仅表现在经济上,还表现在政治、军事、文化等诸多方面。依附是不发达国家同发达国家交往所表现出的状态,表明不发达国家缺乏自主发展能力。依附又与不发达互为因果,恶性循环。依附使不发达国家在经济上形成了单一的生产结构,并依赖于外国资本;政治上培植起依附于外国势力、代表跨国公司利益的买办阶层;在文化上崇尚欧美。

最后,破除依附状态的出路在于变革不平等的国际关系,走出一条自己的发展道路。阿明在一篇名为《论脱钩》(de-linking)的文章中指出:"世界资本主义体系外围国家的发展最终要经过一个与世界资本主义体系进行必要的'决裂'('脱钩'),即拒绝使本国的发展战略听命于'全球化'。但是,我们对'脱钩'思想所给的含义完全不是'闭关自守'的同义语。我们指的是根据价值规律组织一个经济选择合理性标准的体系,它具有民族的基础和民众的内容,不受世界范围内资本主义价值规律统治所产生的经济合理性标准的影响。"②为不发达国家寻求一条非西方式的发展道路是依附论者的愿望,他们反对简单模仿西方的历史经验,主张根据历史经验和现实状况来制定适合自己的发展战略。其对策包括对当今的不合理国际关系进行变革,为不发达国家的发展提供一个有利的外部环境;在国内进行社会变革,使人人都能在参与中受益,发展工业,发展经济。

沃勒斯坦更多地是从战后新马克思主义者又称依附论者那里获取灵感,表现出更多的相近性,并且与依附论者,如阿明、弗兰克都有着很深的交往。有学者指出:"与世界体系理论有最直接关联的思想学派是依附方法。实际上,世界体系理论是由它直接发展出来的。许多先前的依附论

---

①[巴西]特奥托尼奥·多斯桑托斯:《帝国主义与依附》,北京,社会科学文献出版社,1999,第302页。

②[埃及]S. 阿明:《论脱钩》,《国外社会科学》,1988,第4期。

者都认同了世界体系理论"。① 依附论与世界体系理论在一些理论观点上接近,例如把一个国家的发展放到一个大的框架内进行分析,强调要素之间的相互作用、相互影响。所不同的是依附论以拉美国家为主要的分析对象,强调这些国家与欧美发达国家之间相互关系。而世界体系理论则把对象扩大到整个近代世界,对资本主义经济体的起源、发展到最终囊括整个世界这样一个过程作总体性概述。其次,在分析方法上,他们都受益于巴兰和斯威奇,强调"不发达正是资本主义根本性质发生作用的结果",都认为"经济的增长是剩余的大小及对其利用的结果",强调中心与外围的分化取决于世界剩余产品在不同地区的分配,以及它们在这些地区被使用的方式。总之,发达和欠发达是资本主义同一历史进程的产物,"巴兰的观点后来虽然被冈德·弗兰克、伊曼纽尔·沃勒斯坦和'依附理论者'加以扩展,但他们对它改进很少"。② 再次,在理论分析的结构上世界体系对依附论作出了主要的补充和发展。用"中心——半边缘——边缘"的三元结构代替了依附论的"中心——边缘"的二元结构。

1.2.3 德国历史经济学

德国历史经济学并不是一个学派,而是有相近的方法论主张,注重从社会经济史的角度来研究社会问题。它所涉及的范围实际上是德语区,除了今天的德国外,还包含奥地利等国家和地区。沃勒斯坦从中也获取了不少"营养"成分。

(1)马克斯·韦伯

在这一学术传统中,沃勒斯坦首先受到马克斯·韦伯的影响。但不

---

①Thomas Richard Shannon, *An Introduction to the World—System Perspective*, San Francisco, Westview Press, 1989, p.15.

②[英]M.C.霍华德,J.E.金:《马克思主义经济学史 1929—1990》,北京,中央编译出版社,2003,第168页。

是受他的新教精神或权威合法性学说的影响,而是来自于韦伯的城市帝国主义与乡村的对立,以及披上唯物主义外衣的地位集团。特别是他的在世界经济体里的作为地位集团的"民族——国家"。[①] 韦伯认为个人不能被单独地加以考虑,他是构成民族国家的成分,并从这个整体中获得意义。他将族系看作是人们的基本生存环境,一方面,民族具有一些共同的要素,成为人们价值观的基础,这种统一性将外族排斥在外,另一方面,这些要素使人们产生相对于外族人的优越感。实际上,由这种民族情感提炼出的民族文化总是寻求与政治的一致性。当经济的利益与文化价值利益之间不能协调时,政治的运作不是迎合经济要求,而是以共同体的价值为准。经济的发展不管以怎样的面目出现,都必须照顾到政治的利益,而政治的重点就是为民族文化的发展建立起适宜的条件。这种观点深深地影响了沃勒斯坦,在他的世界体系中,阶级的划分不是在一个国家之内进行的,而是在各个国家之间进行的。在中心国家,它采取了民族主义的形式。民族主义是接受一个国家的成员作为地位集团成员。在结构上,民族——国家将世界工人划分成相互排斥的几部分,也通过公民身份使得其中的一些工人加入到资本里,与资产阶级一起分享剩余价值。而在边缘,则往往是一个民族、种族承担起一定的生产任务。

(2)熊彼特

从熊彼特那里,沃勒斯坦在两个方面受到强烈影响。第一是坚持认为经济活动中商业周期的重要性;第二是认为资本主义增长又是不持续的,熊彼特坚持认为资本主义播下了自己灭亡的种子。

首先,熊彼特认为资本主义具有促进经济增长的能力。创新是推动经济增长的最重要的动力,资本主义企业这种获得财富的独特历史形式,推动了生产力的发展。由于创新在时间上不是均匀分布,而是以蜂聚形

---

① Walter L. Goldfrank, "Paradigm regained? The Rules of Wallerstein's world-system method", *Journal of World-Systems Research*, Vol. XI, 2000, p. 160.

式出现的。企业之间的竞争,以及善于管理财富和接受市场环境风险的那些人们能够相对容易的掌握对企业的控制,这一切都加强了那种动力。在企业家引入创新之后,经过一个被他称之为"创造性毁灭"的过程,创新扩散于整个经济,产生出全新的部门和技术,削弱了旧部门和旧技术的地位。当现有的投资和稳定的关系在经济上被生产更有益的新关系破坏时,这种创新的"创造性的破坏"的现象,变得非常明显。熊彼特认为企业家的创新活动给他带来高额利润,促使其他企业家纷纷模仿,结果就扩大了整个社会对生产资料的需求,于是出现信贷扩张,使得整个社会出现大量的投资机会和投机活动,形成经济上升阶段。随后出现的就是过度繁荣而形成虚胀,生产资料价格上升,成本提高,产品供大于求,价格下降,高额利润消失,信贷开始紧缩,过度投资和投机活动也就停止,经济进入萧条阶段。由于创新的蜂聚性而导致了经济的周期性涨落。熊彼特指出,不同的创新活动所需要的时间是不同的。一种是长达 50 年的经济长周期,又称"康德拉捷夫周期"。一种是 9 到 10 年的中等周期,另一种是短周期。他把一百多年来的经济发展过程分为三个长波,长波 1(1783－1842)是"产业革命时期";长波 2(1842－1897)是"蒸汽和钢铁时代";长波 3(1897－1950)是"电气、化学和汽车时代"。每一个周期都基于一个典型的技术革新。沃勒斯坦也认为资本主义世界经济体有一个"周期性"的特征,从根本上说,周期的出现是资本积累的矛盾所引起的。每一次都表现为停滞和扩张相互交替出现,同时也引起了资本主义世界体系经济、政治、社会的连锁反应。从而推动世界体系在深度和广度上不断扩展,由此构成了世界经济体的长期趋势。

其次,就是熊彼特关于资本主义制度的观点。同马克思一样,熊彼特否认资本主义能够长期存在下去,并且他们都认为资本主义自身内部种下了被社会主义代替的种子。不同之处在于两者的理论立足点。熊彼特认为,资本主义在本质上是经济变动的一种形式或方法,它从来不是并且永远不可能是静止不变的。资本主义进程的基本推动力是创新。创新一方面导致了资本主义的经济周期,改造着现存的产业结构,极大地丰富了消费物品的供给。另一方面,这种由创新而引起的经济增长的结果,不可避免地使资本主义经济本身陷入困境,使资本主义无法永恒地存在下去。因而,资本主义的灭亡是由于资本主义的巨大成就造成的。导致这种情况的基本原因是:

第一,企业家职能的丧失。熊彼特认为,企业家的职能就是创新。但随着资本主义的发展,企业家将无事可做。他们将发现自己处于与完全确保永久和平的社会中将军们同样的地位。创新本来是由那些具有强烈冒险个性的企业家来组织,个人的品格和意志力对于创新来讲非常重要,但随着资本主义的发展,革新被当成例行公事,是属于一群专家的分内之事。

第二,资本主义保护阶层的毁灭。熊彼特认为,资产阶级在消灭封建特权阶级的同时也消灭了资本主义政治上的保护阶层。"从经济上说,所有这一切对资产阶级意味着打碎许多枷锁和撤除许多障碍……但是,从今天的观点来观察那个过程,观察者可能意存犹豫,不知这样的彻底解放到底对资产阶级及其世界是否有好处,因为那些枷锁不只是起阻碍作用,它们也起保护作用"。① 熊彼特认为随着民族国家的兴起,形成了资产阶级与政策制定者共存的社会结构,两个阶层彼此相互支持,但资产阶级却将它作为阻碍加以摧毁。

第三,知识分子的社会批判。资本主义不反对理性的批判,但最终这种批判将私有制和资产阶级的价值作为批判的对象。

沃勒斯坦同样也认为资本主义世界体系只是一个有限的"历史体系",最终会被一个新的体系所代替。而促成这个体系灭亡的正是带来它兴旺的因素,即资本的无限积累。世界经济体当前所面临的三大困境:积累的困境、政治合法性的困境以及地缘文化的困境使得它难以为继,从而

---

① [美]约瑟夫·熊彼特:《资本主义、社会主义与民主》,北京,商务印书馆,1999,第215页。

处于一个转型期。

(3)卡尔·波拉尼

波拉尼是出身于匈牙利的经济史学家,其著作《大转型:我们时代的政治与经济起源》成为 20 世纪对市场社会进行批判的经典。它指出 19 世纪以来现代经济思想是错误的,即认为经济是一个由相互联接的市场组成的体系,这个体系能够通过价格机制自动调节供给和需求。这种由市场控制的体系要求社会从属于市场的运转。而波拉尼则警醒道:"这种自我调节的市场的理论,是彻头彻尾的乌托邦。除非消灭社会中的人和自然物质,否则这样一种制度就不能存在于任何时期;它会摧毁人类并将其环境变成一片荒凉"。① 波拉尼认为创造一个完全自发调节的市场经济是一种不可能的事情。因为它意味着将人类、自然环境变成纯粹的商品,这必将造成社会和自然环境的巨大破坏。在波拉尼看来,土地、劳动力和货币都是一些虚拟商品,它们最初生产出来并非是为了在市场上出售。劳动力不过是人类的行为,土地是被细分的自然,而现代社会中的货币是由政府政策控制的。古典经济学家把自然和人类当成由市场决定的商品,这种想法亵渎了自古以来就统治着社会的一些原则:自然与人的生命有其神圣的一面,这一视角与将劳动力和自然从属于市场的观点格格不入。并且国家充当调和经济与社会关系的角色,国家不可能外在于经济。

波拉尼一再强调,经济并非像经济理论中所说的那样是自足的,而是从属于政治、宗教和社会的。因为即便是最简单的市场交易也并非基于经济理性,而是有赖于信任、相互理解和法律对契约的强制。波拉尼借助于人类学资料指出:"原则上,人类的经济是浸没在他的社会关系之中的。他的行为动机并不在于维护占有物质财物的个人利益;而在于维护他的

---

① [英]卡尔·波拉尼:《大转型:我们时代的政治与经济起源》,杭州,浙江人民出版社,2007,第 1 页。

社会地位,他的社会权力,他的社会资产。"①波拉尼指出,自古以来人类行为遵循 3 个原则:互惠、再分配和交易。互惠仅仅在社会的血缘组织——即家庭和亲属关系——方面发挥作用;再分配主要对所有那些在同一首领支配下的人发挥作用,从而具有一种地域特征。而交易这样一种原则,"它的有效性有赖于市场模式的存在",②直到重商主义打破地方性贸易,建立起全国性市场,交易才重要起来。

波拉尼对人类行为原则的阐述启发了沃勒斯坦,他将这 3 种原则对应的时期转化为人类历史上先后出现的 3 种经济组织模式或社会经济类型:微小体系、世界帝国和世界经济体。沃勒斯坦提出在微小体系中,也就是在部落团体里人们的行为是互惠的;在世界帝国中,君主主持重新分配;在世界经济体里,主要行为方式是市场交易。

1.2.4 年鉴学派

沃勒斯坦及其合作者霍普金斯多次承认他们的理论受法国年鉴学派影响很深,甚至有的学者认为,世界体系理论在它的众多渊源里受益于年鉴学派最多。沃勒斯坦将其在纽约州立大学的研究中心命名为"费尔南德·布罗代尔经济、历史体系和文明研究中心"就可见其影响了。总结说来,年鉴学派对沃勒斯坦的影响,主要表现在方法论上以及一些重要观点上,沃勒斯坦在《现代世界体系》中就大量引用了年鉴学派的材料。

法国年鉴学派是 20 世纪在欧洲影响很大的一个学术团体。1929年,吕西安·费弗尔(Lucient Febver,1878－1956)和马克·布洛赫(Marc Bloch,1886－1944)在斯特拉斯堡创办了《经济与社会史年鉴》,年

---

①[英]卡尔·波拉尼:《大转型:我们时代的政治与经济起源》,杭州,浙江人民出版社,2007,第 39—40 页。

②[英]卡尔·波拉尼:《大转型:我们时代的政治与经济起源》,杭州,浙江人民出版社,2007,第 49 页。

鉴学派因此得名。1946 年,杂志改名为《经济、社会、文明年鉴》。1947年,法国政府创办了高等实验研究院第六部,费弗尔任主任。布罗代尔是继二者之后的第二代领袖,也是年鉴学派的标志性人物,于 1956 年接任《年鉴》主编和第六部主任,1984 年当选为法兰西科学院院士。其成名作是《菲利普二世时代的地中海和地中海世界》,他以此作获得法国国家博士学位,并于 1979 年出版《15 至 18 世纪的物质文明、经济和资本主义》。这些著作倡导新的历史书写方法,并对资本主义进行了分析。

年鉴学派对沃勒斯坦的影响主要体现在方法论上。[①] 首先,年鉴学派倡导跨学科的研究。布罗代尔就直言不讳地说:"人文科学正经历着全面的危机;这场危机是人文科学自身进步的结果;随着新认识的积累,科学研究已必须是一项集体工作,而明智的组织形式却尚待建立。"[②]从事各门学科的专家互不理解、互不通气,处于一种不相往来的闭塞状态。而历史应该展现整个人类的全部活动,"唯有总体的历史,才是真历史,而只有通过众人的协作,才能接近真正的历史"。[③] 人文科学需要"经济学家、民族学家、地理学家、人类学家、社会学家、心理学家、语言学家、人口学家甚至社会数学家"们的通力合作。沃勒斯坦对年鉴学派的这种做法给予了高度评价,他甚至在跨学科研究的基础上进一步提出多学科一体化研究的主张。因为跨学科实际上还是承认了各个学科独立存在的科学性。只有各个学科一体化了,才能真正超越。他在《现代世界体系》第一卷导言中写道:"本书并非研究集团,而是研究社会体系。当人们研究社会体系时,社会科学内部的经典式分科是毫无意义的。人类学、经济学、政治学、社会学以及历史学的分科是以某种自由派的国家观及其对社会秩序中功能和地缘两方面的关系来确定的。如果某人的研究只集中在各种组织,其意义是有限的,如果研究集中在

① Walter L. Goldfrank, "Paradigm regained? The rules of Wallerstein's world—system method", *Journal of World—Systems Research*, Vol. XI. 2000,p. 163.
② [法]费尔南·布罗代尔:《资本主义论丛》,北京,中央编译出版社,1997,第 173 页。
③ [美]伊曼纽尔·华勒斯坦:《历史资本主义》,北京,社会科学文献出版社,1999,第 31—32页。

社会体系,其研究将一无所获,我不采用多学科的方法来研究社会体系,而采用一体化学科的研究方法"。①

其次,大范围、长时段的分析方法。布罗代尔认为有三种不同的时间考量:长时段,又称地理时间,它是一种缓慢地流逝、有时接近静止的时间。透过长时段来观察,可以看到影响历史的"结构",它是指在相当长的时间内起作用的那些结构,如地理结构、生态结构、文化结构和社会组织等。这样,通过长时段,人们可以观察到人类历史的深层运动。长时段可以长达几百年、甚至上千年。而中时段大概是 20 到 50 年,在这一时段内可以观察到称之为"局势"变化,它主要是指价格变化、利率波动和人口增减等周期性现象。短时段是指现实中的突发事件,"事件就是爆炸……爆炸掀起的烟雾充满了当时人们的头脑,但爆炸本身却很短暂,火光一闪即已过去"。② 但要研究历史,"短时间是最任性和最富有欺骗性的时间"。③布罗代尔除了倡导历史应进行长时段的研究外,还倡导大范围的研究,只有这样才能提供一种关于生活的整体概念。《菲利普二世时代的地中海和地中海世界》就是这种运用长时段大范围方法的典范。它以地中海地区作为对象,不仅描述了地中海的地理环境,如山川、平原、气候等影响历史的深层环境;还研究了 16 世纪这一地区的社会经济状况,涉及人口、商业、运输等方面,对当时的社会生活作了较全面的介绍;最后对当时一些历史人物的历史事件作了介绍。以三种不同的历史时间为角度来描述,展现了地中海的全貌。

沃勒斯坦成为布罗代尔的知音,年鉴学派对世界体系的影响是如此之深,以致于霍普金斯说:"这种研究直接来源于以前关于过去、现在和未来长时段、大范围的社会变化的研究"。④沃勒斯坦的三卷本《现代世界体

①[美]伊曼纽尔·沃勒斯坦:《现代世界体系》(1 卷),北京,高等教育出版社,1998,第 11 页。

②[法]费尔南·布罗代尔:《资本主义论丛》,北京,中央编译出版社,1997,第 176 页。

③[法]费尔南·布罗代尔:《资本主义论丛》,北京,中央编译出版社,1997,第 177 页。

④Terence K. Hopkins and Immanuel *Wallerstein*(eds), *World—system Analysis*:*Theory and Methodology*, Sage Publications,1982,p. 9.

系》就是这种理论付诸实践的结果，它以现代世界体系作为分析单位，综合多种学科，对近代以来的历史变迁作出总体的叙述。

年鉴学派对沃勒斯坦的另一大影响就是对资本主义的认识。布罗代尔的一个理论就是将市场经济与资本主义分开，他将近四百年的经济活动分为三个层次：第一层是人们最基本的物质生活，第二层是市场经济，最后是资本主义。他认为市场经济是透明的和自由的，受供需影响，由价格自动调节。而资本主义则相反，它是垄断的、非竞争的。资本家为了获取超额利润而进行暗箱操纵，寻求政治的支持，如向官员行贿、获取特许经营权等。这在远程贸易中表现得尤为明显。这些贸易往往跨越国界，资本主义通过贸易将世界连为一体。沃勒斯坦在很大程度上都继承了布罗代尔对资本主义的看法，他认为资本主义一开始就是一个世界体系，在其中，资本积累是它的中心活动，这种积累不是通过将自己创造的剩余的资本化来进行，而是从边缘获得。因为"依靠市场机制来长期进行大规模的积累是决不可能的"，"市场上从来没有实现过经济垄断。市场在骨子里就是反垄断的"。[1]人们寻求国家的帮助，但是只有中心才能凭借其国家机器的力量创造"垄断化的条件"，即维持中心与边缘之间的不平等交换关系，由此而获得了边缘的剩余价值。在布罗代尔与沃勒斯坦眼中，资本主义就是不平等、不公正生产方式的代名词。

1.3 学术生涯

沃勒斯坦（1930— ）是一位著名的西方马克思主义者，他所创立的世界体系理论在世界产生了广泛的影响。"凡是研究 16 世纪以来的世界史的学者、研究世界资本主义体系形成和发展历史的学者，研究'第三世界'

---

[1] [美]伊曼纽尔·华勒斯坦：《历史资本主义》，北京，社会科学文献出版社，1999，第 92 页。

发展问题的发展学家,包括研究发展经济学、发展社会学、发展政治学和
发展战略学的学者,对他的观点不管是赞成还是不赞成,都得在他们的著
作中对他的观点加以引述和讨论"。① 他在任教的纽约州立大学宾姆顿
分校长期担任"布罗代尔经济、历史体系和文明研究中心"的领导,组织了
一系列关于资本主义世界体系的研究。沃勒斯坦和由他领导的布罗代尔
中心受到了人们的尊敬。

1.3.1 思想历程

沃勒斯坦生于 1930 年的纽约,他在那里接受了他所有的教育。按照
他自己的说法,他从小就对政治有兴趣,"我的家庭充满政治意识并且世
界事务常常在我们家成为谈论的话题"。终其一生"就是苦苦寻找我和其
他人可能对其产生作用的当代现实的恰当的解释"。"这种寻求既是学术
性的也是政治性的"。② 沃勒斯坦的一生主要与以下三个地方相伴:纽
约、巴黎和西非。这些地方对他的政治和学术倾向都有着非常大的影响。

他于 1951 在哥伦比亚大学获得学士学位,1957 年获得博士学位。
相对于哈佛大学和耶鲁大学的自由主义突出的特质,哥伦比亚大学的国
际化程度很高,并且富有反抗精神,它在 20 世纪 60 年代的社会运动中表
现突出。

年轻的沃勒斯坦对政治有着浓厚兴趣。在哥伦比亚大学读书期间,
他就关注新近独立的印度,甘地的非暴力抵抗运动引起了美国的民主人
士的同情。后来受外国留学生的影响,他将注意力转移到了非洲。1955
年,他获得福特基金会的支助,研究加纳和象牙海岸的民族解放运动。他
花了一些年月在第三世界做田野调查工作和采访,他在这一方面的研究

①[美]伊曼纽尔·沃勒斯坦:《现代世界体系》(1 卷),北京,高等教育出版社,1998,中译本
序言第 2 页。

②[美]伊曼纽尔·沃勒斯坦:《沃勒斯坦精粹》,南京,南京大学出版社,2003,导言第 1 页。

成果表现在其后的一系列著作中:《非洲:独立的政治》(1961)、《通往独立之路:加纳和象牙海岸》(1964)、《社会变迁:殖民环境》和《非洲:联合的政治》(1967)。沃勒斯坦后来自我反省说自己早期的作品忽略了世界体系因素在非洲独立运动中的作用,他把这个过程看作是类似于 19 世纪早期美洲的去殖民化过程。不管怎样,沃勒斯坦的非洲经验大大地加强了他的政治敏感度,强化了这个纽约人对种族重要性的认识。更为重要的是,非洲经历给他带来的质朴的黑人文化,与欧洲——美利坚的白人的自我概念化形成对比。

在读书期间,他还去了巴黎,当时的巴黎是政治激进主义和学术激进主义的中心,对盎格鲁——美利坚的自由主义中心提出了挑战。①在巴黎,沃勒斯坦看到年鉴学派第一手的作品,这些学者的思想成为他评论资本主义的主要源泉之一。布罗代尔对沃勒斯坦的影响很大,这不仅表现在后来进行研究所采用的方法论上,还表现在理论关注点上。由于对民族社会比较研究的不满,沃勒斯坦作出了一个决定,"把我的研究工作转向世界——体系分析"。② 最重要的是,由于有了巴黎的这段经验,使得沃勒斯坦把法国年鉴学派介绍给了美国社会学界,其影响犹如帕森斯当年把韦伯介绍给美国。③ 鉴于沃勒斯坦取得的杰出成就,巴黎大学于 1979 年授予他荣誉博士学位。

从 20 世纪 60 年代中期开始,沃勒斯坦与他长期的朋友兼同事霍普金斯(Terence Hopkins)一起合作,开始研究现代欧洲,并逐步酝酿出现代世界经济体这一总体性概念。他们的基本观点与依附论相近,但区别于依附论的是,他们强调中心和边缘彼此之间的辩证法,以及以"脱钩"作

①Walter L. Goldfrank, "Paradigm regained? The rules of Wallersteins' world — system method", *Journal of World — Systems Research*, Vol. XI. 2000, p. 155.

②[美]伊曼纽尔·沃勒斯坦:《知识的不确定性》,济南,山东大学出版社,2006,第 53 页。

③William G. Martin, "Still partners and still dissident after all these years? Wallerstein, world revolutions and the world—systems perspective", *Journal of World — Systems Research*, Vol. XI. 2000, p. 237.

为发展战略的不可能性。

从1967年到1974年是沃勒斯坦的世界体系理论的酝酿期,其间发生了一些重大事件,沃勒斯坦也深深地牵涉进去。1968年哥伦比亚大学的学生造反运动是沃勒斯坦生涯的一个重要转折点。它推迟了《现代世界体系》的研究和写作,但在政治上将他进一步推向左翼,并间接地导致他离开哥伦比亚大学,此时他已在那学习工作25年,这件事还使他进一步对学术建制产生不满。当时,沃勒斯坦在教职员工中表现很活跃。他是学生运动的坚定支持者,成为黑人学生中少数几个受欢迎的白人教授之一,同时也是积极倡导学校改革运动的领导者之一。1971年,他接受了加拿大麦吉尔大学(Mcgill)的教席,霍普金斯则离开去了纽约州立大学,1976年,沃勒斯坦也来到了纽约州立大学宾姆顿分校。后来由于创立世界体系理论的影响,沃勒斯坦被授予杰出教授。

在去宾姆顿分校之前的1974年,《现代世界体系》第一卷出版,正如其副标题所写的,它主要是讲16世纪的资本主义农业与欧洲世界经济体的起源。它随即引起巨大影响和争论。《现代世界体系》第二卷出版于1980年,它涉及的主题是1600—1750期间,重商主义的发展以及欧洲世界经济体的巩固。第三卷出版于1988年,它探讨的是1730—1840期间资本主义世界经济体的第二次扩张。另外,沃勒斯坦编辑了一系列的著作,由剑桥大学出版社出版,包括1979年的《资本主义世界经济》,该书探讨的是资本主义的两个中心冲突:中心与边缘的矛盾,资产阶级与无产阶级的矛盾,将其放在单一世界经济体的长期趋势下来加以研究。1984年的《世界经济的政治学》,1991年的《地缘政治与地缘文化》,该书收录的是1982—1989年间,沃勒斯坦对一些事件的评论。1995年出版《自由主义的终结》。《沃勒斯坦精粹》出版于2000年,该书收录了沃勒斯坦学术生涯中的重要作品,显示了他的思想历程:从当代非洲的政治、社会变化到他对现代世界体系的研究,再到新的知识结构的倡导。《所知世界的终结:21世纪的社会科学》发表于1999年。该书前部分是对苏东巨变以来一些事件的评论,后部分关注知识结构,对人文科学和自然科学分类的质疑,并对欧洲中心主义给予批判。

1.3.2 研究领域

纽约州立大学宾姆顿分校成立了以费尔南德·布罗代尔命名的研究中心,主要从事与世界体系有关的研究。主要成员有沃勒斯坦、霍普金斯、阿锐基(G Arrighi)等,并创立新的期刊《评论》(Review)。另一个主要的建制性活动就是成立美国社会学联合会(ASA),主要研究方向是"世界体系的政治经济学"(PEWS),自 1977 年以后每年召开会议,每一次都有论文集出版。

宾姆顿成为世界体系研究的主要基地,而沃勒斯坦以前的学生和同事在美国其他大学也开展了世界体系的研究,比如约翰霍普金斯大学、斯坦福大学、亚利桑那大学、加利福尼亚大学、康奈尔大学等。沃勒斯坦后期将越来越多的精力投入到社会科学的研究中去。他提出要否思(unthink)19 世纪社会科学,倡导适合于 21 世纪的新科学。

由沃勒斯坦领导的布罗代尔中心的研究范围非常广,但归纳起来主要有十个方面:①

(1)周期和趋势(Cycles and trends)。研究长时段的社会发展变迁是沃勒斯坦的目标。世界经济体在历史时间上的变化可以从周期节奏(cyclical rhythms)和长期趋势(secular)上表现出来。对沃勒斯坦来说,他主要关注两个周期:50—60 年的康德拉季耶夫周期和 200—300 年的特长周期(logistics)。

(2)商品链(Commodity chains)。在沃勒斯坦看来,历史资本主义不同于以往历史体系的一个主要特征就是万物商品化,市场交换是人们的

---

① Immanuel Wallerstein, *Report on an Intellectual Project：The Fernand Braudel Center*, 1976—1991. http://fbc. binghamton. edu/fbcintel. htm.

主要行为方式。正是商品链将世界联接为一个整体。并且它还涉及到资本主义生产、分配、交换、消费整个过程,因而它是理解资本主义世界经济进程的重要概念。

(3)霸权与竞争(Hegemony and rivalry)。资本主义世界体系是不平等的,各个生产者为了获取超额利润而竞争,他们通常会寻求国家机器的帮助,以使自己处于资本积累的最佳地位。中心区国家间的竞争总会有胜出者,这就是霸权国家。到目前为止,现代世界体系中共出现过三个霸权,它们是 17 世纪中期联合省,19 世纪中期的英国和 20 世纪中期的美国。霸权国家往往是世界秩序的建立者和维护者。对这一方面的研究是整个研究的一部分。

(4)区域性和半边缘(Regionality and the semiperiphery)。世界经济体的一个重要特征就是按照其经济功能分为不同的区域。有中心、有霸权,就有半边缘和边缘。它们在一个统一的世界经济体中分别承担不同的生产角色。半边缘相对边缘,具有中心的特征,但相对中心,又处于边缘状态,因而表现为一种中间状态。

(5)融入和边缘化(Incorporation and peripheralization)。边缘地区通常是从事高劳动量、低技术含量、低利润率的生产。沃勒斯坦认为在资本积累的推动下,资本主义世界经济体从 16 世纪仅处于西欧一隅到 19 世纪末已囊括全球。不断有新的地区融入这个经济体,随后是被边缘化。但世界经济体的中心——半边缘——边缘格局不是僵化的,其中一些国家所处的位置会有所变化,而整体格局不变。

(6)反体系运动(Antisystemic movements)。既然世界体系是不平等的,那么就会有人们组织起来寻求改变资本主义世界体系,使之迈向一个更合理、更平等的新体系,这种运动构成了反体系运动。它包括工人阶级的运动、民族主义运动、反种族运动、妇女运动和其他不同类型的运动。反体系运动与世界经济体的周期节奏密切相关。

(7)家庭(Households)。在沃勒斯坦看来,家庭是世界经济体中一种基本的制度结构,它将个人与劳动力体系结合在一起。沃勒斯坦发现家庭收入由五个部分构成:工资、出卖小商品的收入、租金、财产转移和生存生产。家庭中的不同成员都会带来不同类型的收入。而且家庭收入的构成与康德拉季耶夫周期相关,如在上升的阶段,工资起主要作用;在下降阶段,家庭的边界趋向于收缩。从长期来看,世界劳动力的发展趋势表现为两方面:一是无产阶级化,有越来越多的人依靠工资收入;另一方面是生存生产从农业转向工业和服务业。

(8)种族主义和性别主义(Racism and sexism)。为什么在世界经济体中存在大量的性别主义和种族主义现象?它的起源和社会基础是什么?对这些问题的研究构成了世界体系研究的一个重要话题。因为沃勒斯坦认为它们内在于资本主义世界经济体内的劳动力组织的特定模式。

(9)科学和知识(Science and knowledge)。沃勒斯坦认为科学制度化和知识结构化是现代世界体系的支柱之一。它是19世纪学科建制化的产物,是以牛顿力学为基础的普遍主义的反映。而当代复杂性研究和文化研究则对这种模式提出了严重挑战。沃勒斯坦晚年主要关注这一方面的研究。

(10)地缘文化和文明(Geoculture and civilizations)。地缘文化和文明是作为整体的资本主义世界经济体的文化框架,科学和知识的制度化是地缘文化的主要成分。它们构成了世界经济体的上层建筑,从而维持资本主义世界体系的运转。研究地缘文化和文明是研究整个资本主义体系的一部分。

这些方面的研究使得世界体系理论具体化了,它基本上涵盖了历史资本主义的方方面面,从而使整个理论显得较缜密。

第 2 章　沃勒斯坦世界体系理论

1974 年,沃勒斯坦的《现代世界体系》第一卷出版,标志着世界体系理论的诞生。就他自己的愿望来讲,他试图"与'现代化'诸理论在概念上,有个分明的突破,并提出一个新的理论范型,来指导我们研究资本主义、工业主义与民族国家的起源与发展"。① 在他那里,资本主义所表现出来的本质特征不同于马克思、韦伯等人的理解。他认为资本主义一开始就不是在单个国家内发展出来的,而是作为一个世界性的体系出现的。在他看来,资本主义与世界经济体、世界市场是三位一体。这一观点是他看待近代社会发展问题的逻辑起点。

2.1　世界体系理论的方法论

一种新的社会理论的出现往往与它在方法论上的创新是分不开的。沃勒斯坦的世界体系理论就是这样一个例子,对于他来讲,"世界体系分析不是一个关于社会世界或关于部分社会世界的理论。它是对一些方法的抗议"。② 沃勒斯坦认为,虽然时至 21 世纪,但今天我们沿用的研究方法还是 150 多年前的方法,"对我们所有人来说,利用这些方法,社会科学研究在 19 世纪中期的开始被结构化了"。③ 沃勒斯坦认为,这种传统的

①萧新煌编:《低度发展与发展——发展社会学选读》,台湾,巨流图书公司,1991,第 403 页。
②[美]伊曼纽尔·沃勒斯坦:《沃勒斯坦精粹》,南京,南京大学出版社,2003,第 162 页。
③[美]伊曼纽尔·沃勒斯坦:《沃勒斯坦精粹》,南京,南京大学出版社,2003,第 162 页。

研究方法,不是打开而是关闭了对一些重要问题的研究,"戴着19世纪构建的马罩眼,我们不能完成我们希望完成的、世界上其他人希望我们去完成的社会任务。这一任务就是合理地呈现摆在我们面前的历史可能性"。① 沃勒斯坦认为,要建立一个公正合理的社会,首先是一个观念认识的问题。由于现代知识、科学的历史局限性,使得人们难以认清世界的历史与现状,不能正确分析当代社会发展问题,从而有负希望。

2.1.1 传统科学的起源、分野及其局限

在沃勒斯坦看来,今天我们的社会科学研究之所以误入歧途,跟我们一直在沿用19世纪以来社会科学建制化所确定的方法论有密切关系。因此,探究其根源、指出其问题是我们开展研究首先要做的。

(1)"两种文化"的分裂

沃勒斯坦认为,近代之前,人类的知识是统一的。作为认识工具的近代知识是启蒙运动的产物。作为一次重要思想运动,它把人类从神权中解放出来。从此,人们不再以宗教权威作为判定真和善的法官,取而代之的是人类自己的理性。然而在这个所谓的"知识世俗化的进程中",却发生了"两种文化"的分裂,即自然科学与人文科学的分离。这一过程影响重大,因为"19世纪和20世纪的学术历史被寻求真和寻求善、美之间的深刻的断裂所统治。这个断裂是现代的发明"。②

以牛顿——笛卡尔学说为基础的现代自然科学强调定量分析和价值中立,在科学研究中必须将一切不能量化的东西统统去掉,自然被"去魅",成为一个受机械运动规律支配的实体世界。它认为大多数自然现象的轨迹是线性的,受外力制约,并且这些轨迹总是趋于回归平衡状态。表

---

①〔美〕伊曼纽尔·沃勒斯坦:《沃勒斯坦精粹》,南京,南京大学出版社,2003,第162—163页。

②〔美〕伊曼纽尔·沃勒斯坦:《沃勒斯坦精粹》,南京,南京大学出版社,2003,第229页。

述世界的自然法则在数学上是"可逆的",这也就是说,"时间因素与对自然过程的了解无关。所以,倘若我们知悉法则,而且知悉所谓的初始条件,我们就能预言或溯言将来或过去的任何过程的位置与量度"。① 在认识论上,它认为只有那些通过实验观察得来的并且可以重复出现、能够被检验的知识才能成为真理。并且知识具有普遍性,最终能用适合于各种条件的简单法则来表述。

在启蒙运动中,最初是"哲学家们将怀疑放入神龛内",取代神学家而具有判断真和善的权力。然而在后来很长的时间里,哲学家被人们称为伪装的神学家,因为人们认为只有科学家才具有获得"真"的坚实基础,"他们通过实验的观察产生可以检验的和被检验的假说,为人类提供所谓的科学定理"。② 因而,"哲学,以及更一般地,19世纪被称为人文学科的东西,失去了公众尊敬,退而采取防守性的态度……他们坚持存在着另一个完全不同的领域——人类的、精神的、道德的"。③ 其职能被限定在探索"善"这一方面。他们强调这一领域跟科学领域一样重要,试图将科学从人文领域中排除出去,或至少把科学降低到次要角色。人文科学强调人类的精神世界是不能够进行定量分析,因而不能成为自然科学研究的对象,对善、美只能进行定性分析。"两种文化"的区分不仅存在着泾渭分明的界限,而且呈现出不平衡的发展状态:自然科学的影响力不断增强,而人文科学则日益受到冷落。

"两种文化"的争斗,不仅是"求真"与"求善"之间的断裂,还是两种方法论之间的争斗,即规范性研究与描述性研究的争斗。

所谓的规范性研究,就是"有一些人相信研究的目标是辨明人类行为的普遍法则,这些法则在所有时间和空间中都具有真实性。他们公开承

---

①[美]伊曼纽尔·沃勒斯坦:《所知世界的终结——二十一世纪的社会科学》,北京,社会科学文献出版社,2003,第180页。

②[美]伊曼纽尔·沃勒斯坦:《沃勒斯坦精粹》,南京,南京大学出版社,2003,第233页。

③[美]伊曼纽尔·沃勒斯坦:《沃勒斯坦精粹》,南京,南京大学出版社,2003,第235页。

认的模式是尽可能模仿古典物理的方法,从而复制它的科学(或社会上)上的成功"。① 也就说规范性研究追求客观性、普遍性,它要求研究与价值无涉、与主体无涉。这种方法被社会科学中的经济学、社会学和政治学所推崇。与此相对照的是描述性方法,它认为追求普遍性法则"不仅是徒劳无益的而且是危险的"。因而赞成这种方法的人"把证实总是特殊的、因此也的确是异质的经验现实视为他们的主要任务"。② 一般说来,历史学、人类学是这类方法的拥护者,它们强调对象的独特性、唯一性、主体性。

"两种文化"的分裂、两种方法论的对立直接影响到"第三种文化"——社会科学的摇摆不定。沃勒斯坦认为社会科学是 19 世纪才"发明"的,它的出现与法国大革命密切相关。法国大革命使得社会变迁作为一种普遍的世界观而被广泛接受,自由主义成为宣扬这一观点的意识形态。作为"在 19 和 20 世纪被推进和被制度化了的人类社会关系的系统的知识",③"社会科学生来就是自由主义意识形态的学术搭档"。④ 社会科学为意识形态提供了关于世界是如何运动的解释,意识形态则为社会科学提供政治支持。随着自由主义意识形态的胜利,社会科学也在世界传播开来。但社会科学一出现,就受到"两种文化"分裂的影响。从而使它在自己的定位上一直摇摆不定。"在知识分化成两种文化的过程中,社会科学总是在某处和以某种方式将自己插入两者之中……社会科学家是带着不安、不适和被分成等级而闯进两种文化之中的。社会科学家不断地讨论社会科学是更接近自然科学还是更接近人文学科"。⑤ 那些认为社会科学是规范性研究的人,将对人类现象的研究与对物理现象的研究

①[美]伊曼纽尔·沃勒斯坦:《沃勒斯坦精粹》,南京,南京大学出版社,2003,第 187 页。

②[美]伊曼纽尔·沃勒斯坦:《沃勒斯坦精粹》,南京,南京大学出版社,2003,第 188 页。

③[美]伊曼纽尔·沃勒斯坦:《沃勒斯坦精粹》,南京,南京大学出版社,2003,第 201 页。

④[美]伊曼纽尔·沃勒斯坦:《所知世界的终结——二十一世纪的社会科学》,北京,社会科学文献出版社,2003,第 169 页。

⑤[美]伊曼纽尔·沃勒斯坦:《沃勒斯坦精粹》,南京,南京大学出版社,2003,第 201 页。

作类比,认为两者之间并没有任何内在的方法论上的区别,社会科学研究的目的就是追求普遍法则。而社会科学谱系中的另外一派则坚持人类社会的行为是不能重复的,因而不会接受穿越时空的那些概括,他们强调特定历史事件的中心地位,强调文学风格的独特美感。

沃勒斯坦认为在现代社会里,"两种文化"的分裂导致了求"善"与求"真"的分离,并且由于自然科学相对其他两种科学的优势,导致人们认为现代世界只是一个受技术统治的世界,以为技术进步可以解决一切社会问题。"只要现代世界似乎使一个长长的技术胜利的成功的故事,那么在体系内维持一种特定的平衡其必要的政治基础就继续存在"。[①] 这样的结果就是人们彻底失去了对资本主义世界体系的政治批判能力。沃勒斯坦认为现代知识体系是现代世界体系的历史产物,因而这种知识体系沦为为不合理的现代世界体系辩护的工具。由于"没有人在认真地怀疑知识的基本前提。这个体系的许多弊端——从种族主义到性别歧视到殖民主义作为各种正在发展的世界多极化的表现,从法西斯主义运动到社会主义古拉格到自由主义形式主义作为抑制性民主化的替代性模式——都被界定成转型问题"。[②] 知识系统不是在正视真实世界的问题而是在回避问题。这让沃勒斯坦很担忧。

(2)传统社会科学的分科缺陷

作为"第三种文化"的社会科学制度化最晚,受"两种文化"分裂、两种方法论对立的影响,自身也存在许多问题。以这些知识作分析工具,会误导我们的研究,使之误入歧途。其中,沃勒斯坦对社会科学领域中的几个假设尤其不满:

第一,人们习惯于将社会科学分成经济学、政治学、社会学、人类学、历史学等学科。这些分科始于 19 世纪,其后又被一些制度性的建构所强

①[美]伊曼纽尔·沃勒斯坦:《沃勒斯坦精粹》,南京,南京大学出版社,2003,第 240 页。
②[美]伊曼纽尔·沃勒斯坦:《沃勒斯坦精粹》,南京,南京大学出版社,2003,第 241 页。

化,如大学里院系的设置、学科的毕业学位以及学科的全国性和国际性的学者联合会等。"它们建立了拥有界限、结构和人员的各种组织以保护其共同利益并确保它们的发展"。① 追根溯源,这些学科的划分是 19 世纪占主导地位的自由主义意识形态的产物。作为法国大革命的产物,变化被赋予了神圣的色彩,而停滞则被看作是落后的表现。这就在学术上提出了如何反映和规范社会变化的问题,其结果就是出现了制度化的社会科学,并最终成为理性主义的意识形态。"这种意识形态声称国家和市场、政治学和经济学在分析方法上是独立的(和大部分自我封闭的)领域,每一方都拥有自己的特殊的规则(逻辑)"。② 它强调国家(政治)和市场(经济)是不同的分析领域。主权国家是政治活动的中心,主要是按照正式的制度进行运作,它可以被直接地考察和分析。社会被认为是相对于国家的另一个领域,它没有正式的运行规则,只是依照一定的习俗将一群人集合在一起。社会学被认为是解释经济和政治所不能解释的非理性现象,人类学是研究在文明世界之外的原始人类。

沃勒斯坦对这些学科成立的逻辑基础提出质疑。他认为国家的界限和社会的界限是同一的,"我们生活在国家中,在每个国家之下的是一个社会。国家拥有历史,由此也拥有传统"。③ 变化在国家和社会里都存在,但如果按照传统的学科划分,越来越多的矛盾似乎在这个国家——社会二分的结构中不能被理解,反而遗漏很多重要的问题。在沃勒斯坦看来,"三个认定的共同人类活动的领域——经济的、政治的和社会或社会文化的领域——不是独立的社会活动领域。它们没有独自的'逻辑'"。④ 更重要的就是"没有任何有用的研究方式可以按照经济、政治和社会的分类把'这些因素'分开"。

---

① [美]伊曼纽尔·沃勒斯坦:《沃勒斯坦精粹》,南京,南京大学出版社,2003,第 165 页。
② [美]伊曼纽尔·沃勒斯坦:《沃勒斯坦精粹》,南京,南京大学出版社,2003,第 167 页。
③ [美]伊曼纽尔·沃勒斯坦:《沃勒斯坦精粹》,南京,南京大学出版社,2003,第 173 页。
④ [美]伊曼纽尔·沃勒斯坦:《沃勒斯坦精粹》,南京,南京大学出版社,2003,第 168 页。

第二个不合理假设是关于过去与现在的区分。传统上,人们将关于过去的研究称之为历史学,而将关于现在的研究另分一类,称之为"社会科学",并细分为经济学、政治学和社会学。"这种区分在方法论中被赋予了方法论上的色彩,在方法论斗争中历史学家主要是特殊规律研究观点的卫士,而社会科学家则注重研究普遍规律"。① 在沃勒斯坦看来,这种过去与现在的二分法是19世纪的产物,经过他的考证,发现有这种主张的研究者"不少于95%(如果不多于的话)属于五个国家:大不列颠、法国、德意志、意大利和美国"。而这五个国家当时面对的是一个共同的问题:随着工业的巨大发展,如何应对人民主权意识的日益高涨的要求。这五个国家在整个19世纪对此作出的政治反应就是确立"自由民族国家",承认公民的权利要求,但同时也要求其公民对国家保持忠诚。通过合理的、渐近的改革,确立自由民族国家,这种政治设想获得了巨大的成功。这与过去、现在的二分法有什么关联呢?沃勒斯坦认为,"对过去、对基于描述性研究的偏见的历史学的定位非常适合于民族认同的产生……另一方面,拥有自己的对现在的定位并拥有自己的常规性的偏见的社会科学特别适用于政策制定,是合理的改革主义的必要工具"。② 沃勒斯坦揭示出,过去与现在的不合理区分背后存在着一个强大的社会基础,得到了公共权威机构的支持。

第三个不合理的区分就是西方与非西方的区分。传统的观点认为,只有西方发生了历史性"进步",只有西方值得研究。也只有西方拥有研究所必须的资料,通过研究这些资料,才能讨论民族认同、合理改革和历史进步等问题。形成于19世纪的传统学科,如历史学、经济学、政治学和社会学,其研究的焦点集中于"西方",构成了"由文明的世界对'文明的世界'的研究"。非西方的世界则被看作是"野蛮的",无论是技术、生产效率还是军事力量都无法与西方相比,大部分的人口是狩猎者、采集者或小

①[美]伊曼纽尔·沃勒斯坦:《沃勒斯坦精粹》,南京,南京大学出版社,2003,第214页。
②[美]伊曼纽尔·沃勒斯坦:《沃勒斯坦精粹》,南京,南京大学出版社,2003,第217页。

规模的农业生产者,没有文字体系……因此,以寻求普遍规律为宗旨的社会科学不是研究这些非西方世界的合适工具,需要构建一门新的研究学科,于是人类学或东方学就应运而生。这门学科的创立是为了满足西方的好奇心,描述这些"野蛮"地区的奇特事物。"当人类学的学术研究内容被制度化时,一种描述方式的方法论上的判断便获得了广泛的承认"。①西方对东方的研究历史可以追溯到中世纪。那时他们的研究集中于宗教问题,讨论非西方人的改宗的可能性。到了现代,宗教问题不再是西方关注的重点,但是使用的方法并没有多大的不同。他们想弄清楚的一个基本问题就是:为什么非西方世界没能现代化?研究得出的结论就是"他们的社会结构以某种方式被'冻结'在模子中,没有一个内在的进化的动力。这种结构就是以各种方式表现的'专制主义'"。② 在沃勒斯坦看来,这种通过学科设置来强调西方和非西方的差异和矛盾是"不必要的",因为它是特定时代的产物,"社会科学制度化的时代是高度帝国主义和西方妄自尊大的时代"。③

第四个不合理的区分就是国家、市场与国内社会的区分。在社会科学制度化的过程中,注重研究普遍规律的社会科学被区分为三个主要的学科:经济学、政治学和社会学。每一个学科都希望确定自己的研究"界限",并在这一范围内寻找自己的法则。如经济学就是研究那些非暴力的因素;对暴力因素的研究特别是权力机制属于政治学范围,它主要是围绕着政府进行的。而社会学则是研究这两者之外的领域,如家庭、社会行为和人口等。为什么会有这三种区分?沃勒斯坦认为"这些划分反映了那个时代占主导地位的自由主义意识形态。这种意识形态声称国家、市场和国内社会是三个独立的支柱,依靠这些支柱现代社会结构被建立起

①[美]伊曼纽尔·沃勒斯坦:《沃勒斯坦精粹》,南京,南京大学出版社,2003,第219页。
②[美]伊曼纽尔·沃勒斯坦:《沃勒斯坦精粹》,南京,南京大学出版社,2003,第220页。
③[美]伊曼纽尔·沃勒斯坦:《沃勒斯坦精粹》,南京,南京大学出版社,2003,第220页。

来"。① 如果现代世界的确是分成三个不同的领域,那么毫无疑问,学术活动应当尊重这个现实。但问题是"社会科学如果不考虑不同的规则和统治每一个现代领域的结构,就不能充分地了解社会世界"。② 受制于传统的分科局限,我们无法充分、准确地把握这个世界,难以提出正确的解决问题的方案。

通过对这些学科的谱系考察,沃勒斯坦发现这些社会研究界限的产生并不很古老,"当1850年时,在社会研究中标明领域的各类清晰固定的划分仍然不存在。只是到1850-1914年间,我们现行的界限才产生、发展和定型,但是变得比较固定是在1914-1945年间"。③ 这些分类反映了那个时代的特点,更为关键的是"有关'门类'的'大界限'是一个社会决定,牵涉到对权力和资源的分配以及合法的社会机构的维护的短期和长期后果"。④ 把知识加以区分并且划定界限在三个方面产生了影响:在学术上分为学科,在组织上分为团体结构,而在文化上分为共享某些基本前提的学界。每一种研究领域都有其特定的研究范围,都有其适用的研究方法,因而就划定界限将自己与其他学科区别开来。并且"各种不同的学科早已建制化为各种团体组织,其形式表现为大学中的科系、教学课程、学位、学术期刊、全国性及国际性联合会、甚至图书馆的分类法"。⑤ 不可否认的是学科的建制化是保存和培育学术的一种方式,同时它也创建了一个具有自己界限的人事网络,制定了一些加入团体的条件,只有认可这些条件才被接纳。这样建制化强化了学科分离。

①[美]伊曼纽尔·沃勒斯坦:《沃勒斯坦精粹》,南京,南京大学出版社,2003,第223页。
②[美]伊曼纽尔·沃勒斯坦:《沃勒斯坦精粹》,南京,南京大学出版社,2003,第213页。
③[美]伊曼纽尔·沃勒斯坦:《沃勒斯坦精粹》,南京,南京大学出版社,2003,第213页。
④[美]伊曼纽尔·沃勒斯坦:《沃勒斯坦精粹》,南京,南京大学出版社,2003,第213页。
⑤[美]伊曼纽尔·沃勒斯坦:《所知世界的终结——二十一世纪的社会科学》,北京,社会科学文献出版社,2003,第169页。

2.1.2 知识领域的新挑战

沃勒斯坦将社会科学看作是一种历史性建构的产物,主要是在1850—1945年期间实现了建制化。作为现代世界体系的产物,它不可避免地打上了19世纪的烙印。当世界体系在21世纪进入转型期时,提倡一种与此相对应的新的知识形式不可避免,并且他认为它已初现端倪。将知识分作自然科学、人文科学和社会科学三部分,并且在各部分之下又进一步分科,彼此之间界限分明的做法现在已受到越来越多的抨击。沃勒斯坦认为当前有两种研究对传统知识论提出了挑战,一种被称之为"复杂性研究",它主要是针对自然科学而言;另一种是"文化研究",它针对的是人文科学、社会科学而言。

(1)复杂性研究所提出的挑战

近代以来,科学研究被牛顿模式所控制。它认为尽管大千世界纷繁复杂,但人们可以用一些简单的法则来解释一切运动变化,自然被看作是一个受机械运动规律支配的实体世界。它认为大多数自然现象的轨迹是线性的,受外力制约,并且这些轨迹总是趋于回归平衡状态。表述世界的自然法则在数学上是"可逆的",这也就是说,"时间因素与对自然过程的了解无关。所以,倘若我们知悉法则,而且知悉所谓的初始条件,我们就能预言或溯言将来或过去的任何过程的位置与量度"。[①] 简单地说,牛顿模式呈现给人们的是一幅确定的知识图景,在这一图景中,自然是一个简单有序的平衡系统。决定论是牛顿力学的中心,它与直线论、平衡论和可逆性一起构成了判断一种理论是不是"科学"的标准。

在过去的100多年间,科学的这一模式不断受到挑战。早在19世纪

---

①[美]伊曼纽尔·沃勒斯坦:《所知世界的终结——二十一世纪的社会科学》,北京,社会科学文献出版社,2003,第180页。

末,庞加莱(Poincare)的发现就使得牛顿模式陷入困境,在 20 世纪初尽管牛顿力学受到量子力学的挑战,但它仍然承认牛顿物理学的基本前提,认为物理过程具有时间对称性,它总会回到平衡状态。到 20 世纪 70 年代,作为科学活动基础的牛顿力学开始遭到普遍的质疑。诺贝尔化学奖获得者普利高津(Ilya Prigogine)就是这场运动的中心人物。他说:"自 60 年代以来,我们目睹着数学和物理学中掀起的革命,它们正迫使我们接受一种描述大自然的新观点。长期以来,不可逆现象热力学、动力系统理论以及经典力学平行发展,最后共同提出一条必由之路:简单与复杂、无序和有序之间的距离远比人们通常想象的狭得多……简而言之,复杂性不再仅仅属于生物学了。它正在进入物理学领域,似乎已经植根于自然法则之中。"①复杂性研究强调世界是复杂的,少数几个公式也不能解释宇宙中的一切。世界是复杂的一个关键因素就是"时间之矢"的影响。"事实上甚至最小的物质单位都有不可被忽略的历史轨迹"。② 一切事物都在相互影响,在时间的流逝中都不可改变地发展。"宇宙在它的有序的无序中或它的无序的有序中继续运行"。③ 自组织是一切事物的基本过程。普利高津指出,牛顿力学描述的是一种稳定的动力体系,而在普利高津看来稳定的动力体系是物理世界的一小部分,而"非平衡"是事物的常态。物质现象被视为不断地远离平衡状态。熵导致分岔点,使新的秩序脱离混沌状态,它是一个不断创新的过程。在一个不稳定的体系中,只要初始条件稍有改变,就会产生完全不同的结果。复杂性研究否认有一个消极的自然,认为一切事物均有其历史,均有一个选择的自由,每个物质现象在其存在全过程中都有通向其他方向的可能。"关于复杂性研究值得重点注意的是它们在任何意义上都不拒绝科学分析,只拒绝牛顿式的决定

---

① [比]普利高津:《探索复杂性》,成都:四川教育出版社,1986,序言。
② [美]伊曼纽尔·沃勒斯坦:《知识的不确定性》,济南,山东大学出版社,2006,第30页。
③ [美]伊曼纽尔·沃勒斯坦:《沃勒斯坦精粹》,南京,南京大学出版社,2003,第242页。

论"。①

时间的不可逆性,使得它把现实解释为一个构建的过程,这就与传统的决定论模式截然两立。在沃勒斯坦看来,复杂性研究使得"自然科学正在沿着社会科学传统领域的方向"发展。复杂学将时间引入自然科学领域,将世界看作是在"时间之矢"下平衡——不平衡——又平衡的一个无尽过程,事物处于何种状态完全取决于时间的长短,这样模糊了现象与本质的区别。"我们正处于这样一个进程中,即凭借所有知识的社会科学化、通过承认现实是一个被构建的现实和科学/哲学活动的目的是达到对现实的有用的、合理的的解释(这些驾驶将不可避免地变得正确,或变得比那个时代可能的解释更正确),而克服这两种文化分离的进程中……那些比较正确的学术分析更具社会性的用处,因为它们能帮助世界建造一个实质上更合理的现实。因此,探索真和探索善是无法解脱地相互连成一体的"。②"所有的知识都是社会知识。社会科学声称有权力成为知识的自我反应的焦点,它既不反对哲学也不反对自然科学,而是与它们形成一个整体"。③ 沃勒斯坦认为人类的下一个 25 年到 50 年将是一个关键时期,因为现存的世界体系将发生分裂并且向一个不确定的可能性体系转变。人类的知识体系也将发生转变。"我看到决定性地终结科学和哲学之间分离的可能性;如我所说,我看到社会科学成为一个重新联合的知识世界的不可分割的领域"。④

(2)文化学研究所提出的挑战

沃勒斯坦认为 20 世纪下半叶兴起的文化学研究对传统的人文科学、社会科学提出了挑战。"社会科学是 19 世纪末在牛顿学说的文化主导地

---

① [美]伊曼纽尔·沃勒斯坦:《沃勒斯坦精粹》,南京,南京大学出版社,2003,第 244 页。
② [美]伊曼纽尔·沃勒斯坦:《沃勒斯坦精粹》,南京,南京大学出版社,2003,第 246 页。
③ [美]伊曼纽尔·沃勒斯坦:《沃勒斯坦精粹》,南京,南京大学出版社,2003,第 249 页。
④ [美]伊曼纽尔·沃勒斯坦:《沃勒斯坦精粹》,南京,南京大学出版社,2003,第 249 页。

位影响下确立起来的"。① 它一产生就陷入自然科学和人文科学"两种文化"之争。"1945 年以后,社会科学的所有学科尤其是经济学、政治学和社会学这三门研究一般规律的学科变得越来越定量化,并且坚持决定论的社会体系这一假设"。② 他们强调社会科学的目标也是认识具有普遍性的法则。同样,传统人文科学也追求普遍性,它宣扬普遍价值存在于"善"、"美"诸领域,通过阅读体现这些价值的文本就可以发现它们。

20 世纪下半叶兴起的文化学研究对普遍论提出了挑战。文化学认为任何文本都是一定历史语境的产物,因而必须将此放到具体社会背景下研究。由于所有的文化活动都是在一定的社会背景之下进行的,所以对它的评价,都会因其发起者或评价者的社会地位的不同而不同。文化学研究也反对任何以普遍主义的名义所作的关于社会现实的主张,因为它实际上只是代表社会一定阶层的观点,不具有普遍性。"文化学的重要性并不在于它发起了对其实践者们通常所指的启蒙运动观点的批判,而主要在于其对牛顿力学前提在文化上的统治的批判"。③ 总之,文化学研究强调社会现实的不统一性、强调社会语境对文本的理解和评价,反对唯我论,重视他人理性。这都与传统的知识模式格格不入。

2.1.3 重建社会科学

复杂性研究和文化学研究从完全不同的立场出发,却将相同的目标作为它们攻击的靶子,即反对 17 世纪以来以牛顿力学为基础的知识形式。这两种研究都宣称传统的决定论、知识的确定性都走到了尽头。在沃勒斯坦看来,传统的决定论与自由意志、结构与功能、微观与宏观之间的争论都是无中生有。"我们目前可以清晰地看出的是这些矛盾都不是

---

① [美]伊曼纽尔·沃勒斯坦:《知识的不确定性》,济南,山东大学出版社,2006,第 22 页。
② [美]伊曼纽尔·沃勒斯坦:《知识的不确定性》,济南,山东大学出版社,2006,第 22 页。
③ [美]伊曼纽尔·沃勒斯坦:《知识的不确定性》,济南,山东大学出版社,2006,第 31 页。

准确和个人偏好的事情,而是判断方法的世界选择和深度的事情"。① 对于很长和很短时间跨度来说,事物似乎符合决定论。但就中间时段来说,事情似乎又属于自由意志的范围。"我们可能总是变换我们的观察角度以获得我们想要的决定论或自由意志的证据"。② 决定论的结束意味着非确定性的确立,"在诸不确定面前,知识引致各种抉择"。③ 对于知识界的这一新动向,不能看作是非理性主义的复归,恰恰相反,这一动向反映了人们对知识的哲学前提即现实背景有了一个更深入的认识。

沃勒斯坦认为复杂性研究和文化研究分别将自然科学和人文科学推入社会科学的领域,但这是一项新的重建社会科学的行动。在这场行动中,它们"都谋求将知识领域向新的可能性开放"。④ 没有一个人、也没有一个团体拥有作出实质理性的决定所必需的全部知识。这将意味着集中大家的智慧,相互切磋,仔细考虑所有的因素。当我们把碎片合在一起时,就是"世界之复魅"(reenchantment of the world)。沃勒斯坦认为,新视野承认现实是被建构的,知识活动就是对现实作合理的解释,知识分子不再是建构活动之外的旁观者,而是"这个真实世界的主角"。并且现在由于所有对现实的描述都必须将时间历史考虑进去,既考虑事物的特殊性,也考虑长时段的结构变化。既探求对长时段的结构性解释,又不把它当成永恒不变的。这样,"历史社会学家必须把对普遍性和特殊性之间的统一关系置于他们研究工作的中心位置,将所有区域、所有群体、所有阶层均纳入同一种批判性分析范畴"。⑤ 这样,决定传统的三大学科分类的基础不存在了,它们之间的界限被打破了,所有的知识都社会科学化了,

---

① [美]伊曼纽尔·沃勒斯坦:《沃勒斯坦精粹》,南京,南京大学出版社,2003,第247页。
② [美]伊曼纽尔·沃勒斯坦:《沃勒斯坦精粹》,南京,南京大学出版社,2003,第247页。
③ [美]伊曼纽尔·沃勒斯坦:《所知世界的终结——二十一世纪的社会科学》,北京,社会科学文献出版社,2003,第273页。
④ [美]伊曼纽尔·沃勒斯坦:《所知世界的终结——二十一世纪的社会科学》,北京,社会科学文献出版社,2003,第206页。
⑤ [美]伊曼纽尔·沃勒斯坦:《知识的不确定性》,济南,山东大学出版社,2006,第102页。

"因此,探索真和探索善是无法解脱地相互连成一体的"。①

沃勒斯坦认为,建立起统一的社会科学,应从以下几个方面着手。首先应该宣传,组织一场关于知识论的大辩论。因为"学科是文化",属于同一学术团体的人具有共同的学术背景,使用相同的研究方法,具有相近的研究领域,因而他们把学术标准当成毋需质疑的前提接受下来,所以对这些人应当加强宣传,使其明白局限性,争取他们的共鸣。其次,重视大学的作用。由于学科也是组织结构,大学是作为实际上的唯一的知识生产和再生产的地方。从大学体制入手会产生实质结果。比如集中几个方面的学者,就一个主题展开共同研究、交叉聘任教授、打破界限联合培育研究生等。

沃勒斯坦自己在这方面作了许多积极的尝试,身体力行。首先他积极倡导学科一体化的研究方法,其代表作《现代世界体系》运用了经济学、社会学、地理学、历史学、人类学等学科的方法。其次,在他的作品中,将求"真"与求"善"结合起来,既有客观分析,又包含价值评价。再次,他以"历史体系"作为自己的分析单位,克服了传统的以社会、国家为单位的分析框架。沃勒斯坦的世界体系理论之所以能有如此大的影响,与他在方法论上的创新是分不开的。

沃勒斯坦的知识论充满了大胆新奇的观点,他对传统"两种文化"的分裂以及由此造成的两种方法论的对立的洞见,为当代学术界敲了个警钟。他强调社会科学研究者必须把求真与求善结合起来,这无疑很有意义,他的作品都较好地贯彻了这一原则。但他将决定论与自由意志、结构与功能、微观与宏观的差异看作是"个人偏好的事情",它们之间的矛盾是"无中生有"。这不免有方法论上的虚无主义之嫌。特别是他将未来体系完全看作是一个选择的问题,并且否定历史的进步性,这就是完全错误的了。不可否认资本主义给人类带来巨大痛苦,马克思也认为资本主义历

①〔美〕伊曼纽尔·沃勒斯坦:《沃勒斯坦精粹》,南京,南京大学出版社,2003,第246页。

史是一部血泪史,但他没有否定它的历史进步性。沃勒斯坦由于缺乏辩证法,所以才下此结论。更为重要的是他缺乏科学的历史认识论,才会否认进步观。在今后章节中将详细评论它。

2.1.4 历史体系:合理分析单位

沃勒斯坦认为世界体系论首先是一种方法论。"世界体系分析不是一个关于社会世界或关于部分世界的理论。它是对一些方法的抗议"。[①]作为方法论的世界体系理论"是对当时在各类社会科学中占支配地位的观点,主要是 60 年代似乎要支配世界社会科学的发展论(developmentalism)和现代化理论的一种批判"。[②]"世界体系模式对我而言是一套对流行解释模式的抗议,最主要的是反对现代化理论"。[③] 现代化理论是二战以后,随着新形势的发展而产生的一种理论,当时欧洲的殖民体系土崩瓦解,一大批新兴的民族国家兴起,如何重建遭受破坏的世界成为首要问题,西方学术界从西方国家的现代化历史中抽象出一套发展模式,它以国家为分析单位,认为落后国家只要超越其传统价值和社会结构,便能获得与西方发达国家类似的发展和同等的地位。不同国家都可以实现现代化,只是时间早晚的问题。而沃勒斯坦认为这种观点过于乐观了,它是对社会发展问题研究的误导。在他看来,近代社会变迁不是发生在单个抽象的国家或社会中,而是在一个特定的世界内,即在一个时空的整体内,也就是发源于 16 世纪、以欧洲为中心的体系中。一个国家的发展必然受到它在这个单一世界体系中的结构位置的制约。因为这个层次结构是世界资本主义体系的基本特征,它维系着这个体系的生存。斯科克波尔

①[美]伊曼纽尔·沃勒斯坦:《沃勒斯坦精粹》,南京,南京大学出版社,2003,第 162 页。
②[美]伊曼纽尔·沃勒斯坦:《世界体系分析法的第二阶段》,《国外社会科学》,1991,第 12 期。
③[美]伊曼纽尔·沃勒斯坦:《沃勒斯坦精粹》,南京,南京大学出版社,2003,第 186 页。

(Theda Skopol)在评论沃勒斯坦的著作时,也指出:"沃勒斯坦的著作《现代世界体系》一书,旨在与现代化诸理论在概念上,有个分明的突破,并提出一个新的理论范型,来指导我们研究资本主义、工业主义与民族国家的起源与发展。此一卓越的表现,不仅适得其时,也适得其所。因为许久以来,现代化研究取向已遭到严厉的批判,指责他们将国家实体化成为唯一的分析单元;假定所有的国家都将依循着由'传统'到'现代'演化发展的唯一路线(或平行、汇合的路线);同时也没有关照到足以左右国家发展途径的超国家结构的世界历史发展。"①

而沃勒斯坦对法国年鉴学派的分析方法心仪已久。他们倡导"大范围"、"长时段"观点,布罗代尔的《菲利普二世时代的地中海和地中海世界》(1949)就是这方面的典范。沃勒斯坦雄心勃勃,试图考察近代世界的变迁。"世界社会科学的重要论断之一就是认为人类历史发展过程中存在着一些巨大的分水岭。所谓新石器时代或农业革命就被公认为是这样的一个分水岭,尽管只有少数社会学家对此作过研究。另一巨大的分水岭就是现代世界的形成"。② 这样大的一个主题,如果以民族国家为考察单位,必定无法得出正确结论。

既然现代世界被公认为是人类社会发展的一个分水岭,那么是什么将它与前现代社会区别开来?沃勒斯坦认为是人类基本活动方式。前现代社会里,人们的生产是为了自用或缴纳贡税,而现代社会里,获取利润、进行商品交易成为基本生活方式,到现在仍没有改变。显然,对于这样大的主题,只有用"历史体系"才是适当的分析单位。沃勒斯坦认为历史体系有以下几个特征:首先,具有历史性。可以回答"历史体系在何处、什么时候有"这样的问题,因为"这个实体既是体系的同时又是历史的"。③ 其次,体系内的生活是自足的,体系发展的动力是内在的。照此标准,沃勒

---

①萧新煌编:《低度发展与发展——发展社会学选读》,台湾,巨流图书公司,1991,第403页。
②[美]伊曼纽尔·沃勒斯坦:《现代世界体系》(1卷),北京,高等教育出版社,1998,第1页。
③[美]伊曼纽尔·沃勒斯坦:《沃勒斯坦精粹》,南京,南京大学出版社,2003,第174页。

斯坦认为通常的一些社会实体,如部落、民族国家等都不是完整自足的体系。判断的标准不是地理范围的大小,而是说劳动分工是否超出范围之外。如果劳动分工的范围超出实体之外,那说明该实体不是自足的。

根据其逻辑形式及其历史,沃勒斯坦将历史上存在过的历史体系分为三类:微小体系(mini-system)、世界帝国(world-empires)和现代世界体系(modern world-system),在每一个体系内,"体系和生活在其中的人民根据某种现行的劳动分工,有规律地生存发展"。① 微小体系是指那些在空间上很小、在时间上跨度较短、具有单一文化的体系,其基本活动逻辑就是"互惠"交换。这种体系只能发现于简单的农业、狩猎社会。

世界帝国是具有庞大政治结构、并涵盖多种文化类型的体系,如中华帝国、罗马帝国,其基本活动逻辑就是从直接生产者那里收取贡税,重新分配给官僚。世界帝国的庞大政治结构阻止了经济的增长,"帝国的政治集权化是它的力量所在,同时也是其弱点所在。其力量在于,它能凭借暴力(贡品和赋税)和贸易中的垄断优势来保证经济从边缘向中心流动。其弱点在于,这种政治结构所必需的官僚制度吸收了过多的利润,尤其当压迫和剥削引起反抗从而扩大了军事开支的时候"。② 在帝国中,政治的因素超过经济的因素,相对于后来形成的世界经济体,"帝国却是一个政治单位"。③

现代世界体系是"巨大的由各种政治结构分割的一体化生产的不平等的链条。其基本逻辑是积累的剩余价值被不平等地加以分配,以支持那些在市场体系中能够获得各种暂时垄断的人。这是一个'资本主义的'逻辑"。④ 它产生于 15 世纪末 16 世纪初的西欧,它不同于世界帝国,只

① [美]伊曼纽尔·沃勒斯坦:《沃勒斯坦精粹》,南京,南京大学出版社,2003,第 174 页。
② [美]伊曼纽尔·沃勒斯坦:《现代世界体系》(1卷),北京,高等教育出版社,1998,第 12—13 页。
③ [美]伊曼纽尔·沃勒斯坦:《现代世界体系》(1卷),北京,高等教育出版社,1998,第 12 页。
④ [美]伊曼纽尔·沃勒斯坦:《沃勒斯坦精粹》,南京,南京大学出版社,2003,第 174—175 页。

是一个经济实体,它包括了各个民族国家,但它们之间的联系只是经济的。并且这种经济关系是资本主义的,"资本主义和世界经济体系是两个相对应的共生事物,就像硬币的正反面一样"。①

必须指出的是沃勒斯坦将历史体系分为三种类型的思想源自于卡尔·波拉尼。波拉尼认为,在传统社会里,经济并不是自足的,而是从属于政治、宗教和社会关系的。② 只有在现代社会,经济才占据主导地位。相对应于互惠、再分配和市场调节三种社会组织方式,历史上存在着习俗的、政治的和经济的三种社会。

沃勒斯坦认为,在"历史体系"中,"空间似乎永远不能与时间分离"。③ 他称之为一种"结构性的时空"。它既是一个体系,意味着它有持续性的关系、进程规则,因而表现出一种周期性节律;同时又是历史的,包含着长期趋势。历史体系就像一个有机体,有一个生命过程,从产生、发展、成熟走向死亡。

另外一点就是,以历史体系为分析单位,使得人们可以超越 19 世纪以来的方法论之间的争论,从而发现真理。沃勒斯坦认为,必须注意规范性方法和描述性方法的使用。规范性方法就是要在众多事物之上进行归纳,得出一般性、普遍性结论。而描述性方法则强调事物的独特性、不可替代性。但问题是,"对于大多数事物,如果我们用太普遍的定律,则解释就是空洞的。而我们用太狭窄的概括,解释就是似是而非的"。④ 沃勒斯坦认为,坚持以历史体系为分析单位,比较体系的起源和周期性危机,是一种"较有成果的研究路线",它超越方法论之争,从而能够给我们一些世界历史的洞见,能够展示人类社会的共时性特征;还能描述体系分叉点(体系转型)在历史体系中如何运作的;并能使人们更好地控制体系的转

① [美]伊曼纽尔·沃勒斯坦:《沃勒斯坦精粹》,南京,南京大学出版社,2003,第 99 页。

② [英]卡尔·波拉尼:《大转型:我们时代的政治与经济起源》,浙江人民出版社,2007,导言第 15 页。

③ [美]伊曼纽尔·沃勒斯坦:《沃勒斯坦精粹》,南京,南京大学出版社,2003,第 187 页。

④ [美]伊曼纽尔·沃勒斯坦:《沃勒斯坦精粹》,南京,南京大学出版社,2003,第 189 页。

沃勒斯坦世界体系理论研究

型。

2.2　资本主义世界经济体

　　沃勒斯坦认为近代世界的主要特征就是资本主义的兴起。他的世界体系理论讲述的就是作为一种生产方式的资本主义是如何完成对近代世界的建构的。在沃勒斯坦看来,现代世界体系的历史实际上就是资本主义演变历史,所以资本主义世界体系构成了当代社会发展问题的历史前提。要了解近代以来社会发展变化就必须放到世界体系这一背景下来进行。而现代世界体系包括三个方面:经济上是一个一体化的世界经济体,政治上是多民族国家体系,文化上是一个多元但趋同的文化体。

　　资本主义世界经济体是现代世界体系的经济功能体。同马克思一样,沃勒斯坦认为经济是社会的基础,世界经济体决定现代世界体系的政治、文化等上层建筑。因而他经常将世界经济体等同于现代世界体系。沃勒斯坦认为世界经济体的结构的影响是当代社会发展问题的根源,而这种结构的形成则要追溯到 16 世纪初世界经济体在欧洲的兴起。他指出:"关于近代世界体系,有三个相互不同的问题可能被提及。第一个是起源的解释,即 16 世纪的欧洲世界如何得以存在而以前的体系为什么不能。第二个问题是这个体系一旦巩固以后,如何运行。第三个问题是这个体系的基本趋向以及如何解释它作为一个社会体系的最终衰退。"①这就是说世界经济体主要研究以下议题:世界经济体的起源、世界经济体的结构、世界经济体的动力、世界经济体的周期和趋势。

---

①Immanuel Wallerstein, *The Capitalist World—Economy*, Cambridge:Cambridge University Press, 1979, pp. 160—161.

2.2.1 起源

沃勒斯坦认为人类历史上存在着一些巨大的分水岭,其中之一就是新石器时代或农业革命时代,另一个就是现代世界的形成了。[①] 现代世界的兴起就是资本主义世界的兴起。它带来了社会经济结构的巨大变化,从而使今天的世界与往日的世界存在着质的不同。世界经济体是现代世界体系的决定性因素。从时间上看,它经历了四个阶段:形成阶段(1450－1640)、巩固阶段(1640－1750)、扩张阶段(1730－1840)和衰败阶段(1914－　),为此沃勒斯坦制定了一套四卷本的《现代世界体系》计划,前三卷已出版,其副标题分别为"16世纪的资本主义农业与欧洲世界经济体的起源"、"重商主义与欧洲世界经济体的巩固"、"资本主义世界经济大扩张的第二个时代"。

沃勒斯坦认为关于世界体系的起源问题包括以下几个问题:它在何时起源于何处,当时的历史状况是怎样的? 这几个问题的解答涉及到对世界体系本质的理解。"我们一旦要重新提出资本主义世界经济是如何产生的以及什么时候产生的;为什么这种转化发生在封建的欧洲而不是其他地方;为什么它发生在那个时候,而不是早一点或晚一点;为什么转化的早期努力都失败了。这不只是一个考古学上的重建,而且是全面理解我们现在这个体系的本质的关键"。[②]

(1)欧洲封建制度的危机

沃勒斯坦认为,14世纪的欧洲经历了一场封建制度危机,它是世界体系形成的前因。而在1150年到1300年期间,欧洲封建生产方式出现

---

①[美]伊曼纽尔·沃勒斯坦:《现代世界体系》(1卷),北京,高等教育出版社,1998,导言第1页。

②Immanuel Wallerstein, *The Capitalist World－Economy*, Cambridge:Cambridge University Press,1979,p.135.

了一次扩张,这是一次地理、商业和人口的全面扩张。沃勒斯坦认为封建社会并不是人们所说的"自然经济",而是一系列细小的经济组合。"封建制度作为一个体系,不应被看作是贸易的对立物。相反,在一定程度上,封建制度和贸易发展是携手并进的"。① 但封建制度只能支持有限的长距离贸易,因为这种长距离贸易交换的只是满足贵族的奢侈品,而非面向大众的大宗商品贸易。主要经济活动主要是小区域内的交换活动。尽管当时的商业活动水平是有限的,但总体趋势是扩张的。

而此后的1300年至1450年期间,欧洲转而变为全面的收缩,从而形成一场封建主义的全面危机。战争频繁,灾荒不断,人口下降,荒地剧增,劳动力短缺,农业成本上涨,封建领主贫困化。沃勒斯坦认为,"'封建制度的危机'是一种定期趋势一个直接的周期性危机和气候条件恶化引起的衰退汇合在一起形成的危机局势"。②

当时的危机对社会的挑战是多方面的:首先经济紧缩导致对农民的剥削加重,其后果是农民纷纷外逃。依照传统方法在土地上恢复贵族的收入已不大可能,于是他们只好投身于一种报酬丰厚的新职业。其次,人口下降使得农业生产的社会组织出现分化。在西欧,人口相对稠密,为提高生产效率,大领土分成小的地块,不适宜耕种的地方出现了圈地运动。在中东欧,人口较少,地主为保持收入,将农民强制留在土地上。再次,社会动荡,反叛增加,使得君主必须加强国家机器的力量,并且想方设法增加税收,控制财政权,建立起集权的国家官僚体制,从而打击了封建领主的势力。

总之,14和15世纪的西方封建制度危机,是16世纪以后欧洲扩张及其经济转变的背景和序幕。

---

①[美]伊曼纽尔·沃勒斯坦:《现代世界体系》(1卷),北京,高等教育出版社,1998,第15页。

②[美]伊曼纽尔·沃勒斯坦:《现代世界体系》(1卷),北京,高等教育出版社,1998,第28页。

(2)欧洲资本主义经济体的建立

沃勒斯坦认为,正是这场"封建制度的危机"所造成的巨大压力使得大规模的社会变化成为可能。新出现的资本主义世界经济体是欧洲发展和维护占有剩余产品的一种新形式。它不是建立在对剩余产品的直接占有之上,也不是以贡品或封建地租的形式占有,而是运用市场机制,并有国家机器协助占有,即通过世界市场的不平等交换来占有。在沃勒斯坦看来,"**以下三个因素对建立这样的资本主义世界经济体具有决定意义:一是我们所研究的这个世界在地理规模上的扩张;二是世界经济体的不同区域的不同产品的劳动力管理方法多样化的发展变化;三是后来成为这个资本主义世界经济体的诸中心国家中相对强大的国家机器的建立**"。[①] 其中第一点最重要,欧洲的领土扩张是解决"封建制度危机"的关键。

第一,欧洲的领土扩张。

由于封建制度危机,欧洲自 1450 年以后走上了大规模的对外扩张之路,它为世界体系的兴起准备了条件。这一次扩张的一个明显变化就是由先前的奢侈品贸易向大宗商品贸易转变。"从长远来看,大宗商品比奢侈品在人类经济奋进中的作用更大。西欧在 14 世纪和 15 世纪需要的是食物(更多的卡路里和分配到更好的食物价值)和燃料"。[②] 扩张不仅扩大了欧洲的消费基地,并且建立起政治经济制度来达到这一目的,还带来了农业技术革新,从而助长了扩张。比如说佛兰德这个地方的人们发现种商品农作物、饲养家畜和发展园艺更有利可图,于是要求进口小麦和玉米,从而发挥更大的生产优势。并且由于欧洲进口食物、木材,世界生态因此而改变了,变得对欧洲更加有利。

---

①[美]伊曼纽尔·沃勒斯坦:《现代世界体系》(1 卷),北京,高等教育出版社,1998,第 29 页。

②[美]伊曼纽尔·沃勒斯坦:《现代世界体系》(1 卷),北京,高等教育出版社,1998,第 31 页。

在这里,沃勒斯坦还对人们普遍关心的一个问题作出了自己的回答,即为什么是欧洲人而非中国人走上了扩张之路,并发展了资本主义? 在欧洲人中,为什么是葡萄牙人最先走上扩张之路? 首先,因为葡萄牙的地理位置优越,它位于大西洋之滨,离非洲西海岸和大西洋诸海岛最近,并且葡萄牙人的航海经验丰富。其次,葡萄牙的资本雄厚。威尼斯人当时控制了地中海的贸易,作为竞争对手的热那亚人鼓励、支助葡萄牙人向海外扩张,以开辟新航线,打破威尼斯的控制。再次在内政上,15世纪的葡萄牙国内稳定,没有内耗。最后,由于葡萄牙缺少土地,贵族们不能指望通过内部争斗来获得财富,只能向海外扩张。而探险及随之而来的贸易潮为城市半无产阶级找到了出路。总之,渴望财富的想法加上优越的自然条件给欧洲人特别是葡萄牙人的海外扩张提供了巨大的动力,当他们的探险获得巨大的回报时,更激发了他们的欲望,从而相互推动,为资本主义发展奠定了物质基础。

　　与此相对比的是当时的中国,作为一个幅员辽阔的帝国,谋求的并不是海外扩张,而是内部扩张,在境内扩大稻米生产,以养活其众多人口。其次,作为一个中央集权的大帝国,其行为被政治结构所约束,它所追求的首要目标是维持帝国的政治平衡,而非海外扩张以寻求财富。再次,中国人的价值观也限制了将追求财富作为首要目标。总之,中国人的精神追求、国家的政治结构及其自然条件都阻碍了中国的对外扩张。

　　第二,欧洲新的劳动分工。

　　沃勒斯坦认为欧洲扩张之后的一个后果就是在一个更大的范围内组织统一的社会生产。欧洲扩张表明它具有了一种能力,一方面它能够维持国内相对团结的局面,另一方面它又可以在遥远的地方组织、使用廉价劳动力。扩张的过程也是个不平等的发展过程,"不平等的发展是在多层次总体结构中进行的。这样,具体地说,在16世纪存在着欧洲的世界经济体的中心地区对它的边缘地区的差别,在欧洲中心地区内的各国之间,在各国内部的各地区、各阶层之间,在地区内的城乡之间,最后在地方性更突出的各个单位之间,都存在着差别",①欧洲经济体最终建立在这种不平衡的发展之上的。"这样一种社会地位和社会报酬的多层次体系大体上与一套分配生产任务的复杂体系相互关联:粗略说来,那些养育劳力的人支撑着生产粮食的人,生产粮食的人支撑着生产其他原料的人,生产其他原料的人支撑着那些搞工业生产的人"。② 不同的劳动分工是资本主义世界经济体的基本特征。

这一时期,欧洲经济体内出现了多种社会阶层:奴隶、佃农、雇佣劳动者、自耕农、封建主、独立的手工业者、贵族以及资产阶级等。必须指出的是,不同的阶层反映了不同的劳动控制方式,不同的劳动控制方式出现在欧洲不同的地区,后来随着欧洲向外扩张,劳动控制方式也扩展到海外。大致说来,奴隶制和封建制出现在边缘地区,即当时的东欧地区;雇佣劳动者出现在核心地区,即当时的西欧;佃农则出现在半边缘地区。

为什么在1450—1640年期间,欧洲会出现不同的劳动控制方式?这是沃勒斯坦重点阐述的地方,在他看来,这种差异导致了欧洲的不同部分从此分道扬镳,走上了截然不同的发展道路。

①当时欧洲经济体的中心——英格兰、尼德兰和法国北部采用的是自由雇佣劳力,实行的是畜牧业和农耕生产相结合的形式。

由于中世纪封建制度大危机的影响,使得人口下降,工资成本提高,大庄园难以为继。西欧的封建主只好把封建劳役地租转变为货币地租,以减少成本,这就促使自耕农兴起。另一种措施就是把土地变为牧场,当时的畜牧业比农业的经济效益更高,并且所需的劳力更少。再加上西欧本身的人口相对比较稠密,无须限制农民的人身自由,出现了较自由的劳动用人制度,并且由于前面出现的农村劳动关系的货币化,就使得雇佣劳

①[美]伊曼纽尔·沃勒斯坦:《现代世界体系》(1卷),北京,高等教育出版社,1998,第97页。

②[美]伊曼纽尔·沃勒斯坦:《现代世界体系》(1卷),北京,高等教育出版社,1998,第98页。

动成为常见的方式。自耕农的兴旺说明了他们更加注重生产技术,创造了比庄园经济更高的生产效率,也使得一部分农村劳动力可以进入城市,形成无产阶级,成为工业化的动力。

在这一历史过程中,自耕农的兴起值得关注。他们是"同时靠牺牲自己的雇佣工人和地主的利益而致富"。① 一方面,他们通过圈地攫取了前者的土地,然后又以低工资雇佣这些农民;同时他们又从大领主那里以固定租金获取越来越多的土地,通过提高效率的方式,来实现自己对财富的渴望,成为新的"企业家"中的一部分。

②作为边缘地区的东欧,采用的是强制性劳动方式,建立起大经济作物种植园。14世纪和15世纪的经济衰退在西欧和东欧造成了相反的结果,在西欧,导致的是封建主义的危机;而"在东欧,这导致'庄园的反动'"。②

为什么东欧会出现这种情况? 这与当时东欧的实际状况分不开的。与西欧相比,东欧人口稀少,又有大量的未开垦的土地,适合发展那些技术要求不高的劳动密集型产业。加上世界市场的存在,如果能扩大生产就会有大规模赢利的机会,这样就为大规模发展商业性农作物提供了条件。"16世纪时,东欧和西属美洲的部分经济部门,强制的商品性农作物劳动是吸引人的(有利可图)、必然的(从地主自身利益的角度看)和可能的(从所需工作的类别看)"。③ 为了能在世界市场上获利,东欧的地主们实行一种强制的商品性农作物劳动制度(coerced cash-crop labour),在这种制度下,国家实施某种法律程序,要求农民至少有一部分时间为地主劳动,生产世界市场所需的产品。这种农民——地主的关系"纯粹是过去的封建奴役形式的重新组合",但它又是一种新的社会组织方式,学者称

---

①马克思:《资本论》(1卷),北京,人民出版社,2004,第853页。

②[美]伊曼纽尔·沃勒斯坦:《现代世界体系》(1卷),北京,高等教育出版社,1998,第104页。

③[美]伊曼纽尔·沃勒斯坦:《现代世界体系》(1卷),北京,高等教育出版社,1998,第107页。

之为"再次农奴制"。沃勒斯坦认为这种"强制的商品性农作物劳动制度"与中世纪欧洲的封建制度相比,有着根本的不同,后者基本上是为地方经济而生产,其剥削的限度,取决于地主供养家庭和战争的费用。而前者则是为资本主义世界经济体生产,其剥削限度取决于市场的供给和需求的曲线。这种新的劳动控制方式,沃勒斯坦将其定性为资本主义的,有很多学者都不同意他这一观点,给予了严厉批判,这在后面再详细介绍。

③半边缘地区实行分成制(sharecropping)

介于边缘区的强制劳动和中心区的雇佣劳动,半边缘区实行一种中间形式的劳动控制方式,即分成制。这一制度在 16 世纪已沦为半边缘的意大利和法国南部最为普遍。当时的领主为了应对经济困难,将领地分成许多小块,租佃出去。沃勒斯坦认为这种制度的实现与当时的人口状况及土地利用状况有关。当时的半边缘区的劳动力相对于边缘来讲,较为充足;空闲的土地又不是很多,介于中间的情况使得半边缘区采用分成制更为适合。

总而言之,"为什么各种不同的劳动组织方式——奴隶制、'封建制'、雇佣劳动制和自我经营——都同时存在于世界经济体中?因为每种劳动控制方式对待特定的生产类型都是最适合的"。[①] 各个地区在世界市场的作用下,采用不同的劳动控制方式、进行不同的专门化生产,形成了一个一体化的欧洲资本主义经济体。很多学者说沃勒斯坦在这一点上有目的论之嫌,也有学者批判沃勒斯坦把劳动控制方式当成可以自由选择的因素,而非客观生产关系限制。以后章节再论说。

第三,绝对王权的建立。

欧洲世界经济体的出现与绝对王权在西欧的兴起是同时出现的。沃勒斯坦认为这两者的同时出现绝对不是一种偶然,而是互为因果。"一方面,若不是由于商业的扩张和资本主义农业的兴起,扩大了的官僚国家机

---

① [美]伊曼纽尔·沃勒斯坦:《现代世界体系》(1 卷),北京,高等教育出版社,1998,第 99 页。

构就得不到足以资助它的经济基础。但是另一方面,国家机构本身就是新资本主义体系的主要经济基础(更不用说是其政治保障了)"。① 16 世纪国王是国家机器的操纵者,国王通过四种方式来巩固他的统治:官僚化、垄断武装、创立合法性和国民认同。

①官僚化。在绝对王权建立起来之前,封建制使得当时的贵族有很大的权力抗衡君主,国家内部诸侯割据,严重影响了贸易的发展。15 世纪的封建危机为绝对王权的兴起提供了契机,由于封建领主受到了经济压力,他们就增加对农民的剥削来转嫁压力,结果导致农民的叛乱,再加上贵族之间的相互战争,力量受到削弱,此时他们求救于国王,国王趁机扩大自己的财富和权力。他通过出售官职给"出身寒微"的人,使其成为领取薪俸、听令于己的专职官员,从而削弱了贵族的势力。通过建立起一些常设的国家官僚机构,国王从根本上改变了从政规则,确保经济的决策非经国家机构的同意不得轻易制定。这就意味着所有人才都支持政治王国的确立。官僚队伍的扩大需要有收入作支持,国王通过征税、借债等方式来保证收入,利用这些收入来增强其强制力。

②垄断武装。国王加强其权力的另一个手段就是垄断武装,雇"雇佣军"。当时的西欧人口增长迅速,"流浪无产者"随处可见,他们对秩序还不稳定的新国家是一种威胁。把这帮"流浪无产者"招募起来有几个好处,一是为这些人提供了就业机会,又可以利用他们去镇压另一些人,为国王控制贵族提供了新手段,由于建立了贯彻国王意志的军队,国王的力量更强大了。另外雇佣军的发展还刺激了经济,它不仅为穷人提供就业,还给军事承包人提供机会,因为军队的装备、食品均由企业家提供。

③创立合法性。要建立起长久的稳固秩序,除了建立军队、官僚机构以外,还需要民众认同这种秩序,认同国王权力的合法性。"在 16 世纪,作为使君主的新政权合法化的手段的意识形态便是君权神授,我们把这

---

① [美]伊曼纽尔·沃勒斯坦:《现代世界体系》(1 卷),北京,高等教育出版社,1998,第 173 页。

样的制度叫作绝对王权"。[1] 当然,"绝对"一词不是"不受限制"的意思,而应该理解为"不受监督",王权还是受到"神法和自然法的限制"。"王权之所以是绝对的,是对比过去的封建权力分散而言"。[2] 通过君权神授这种意识形态,把绝对君主塑造成一个英雄人物,使得神化的君主成为一个民族的代表,以此加强君主的合法性。

④国民认同。"中央集权化过程的一个主要成功标志和一个重要机制是:人口按某种方式被改造成具有文化同一性的集团的程度"。[3] 在欧洲,这主要是通过宗教的区分来进行的。16 世纪时,犹太商人在西欧遭到排斥,沃勒斯坦认为,将这种事情归之于信仰问题只是表面现象,真正的原因是经济原因。西欧的资产阶级由于担心自己的经济利益受到挑战而排斥犹太人。而在东欧,犹太人则受到欢迎,因为当地地主的势力强大,他们担心当地商人的崛起,威胁自己的利益,所以犹太人未受到排挤,导致当地商业资产阶级的发展落后于西欧。

出于经济考虑但诉诸于宗教、诉诸于国民认同的另一个例子就是宗教改革了。韦伯著书立说来论证新教教义比天主教更有利于资本主义发展。但沃勒斯坦认为此说难以成立,人们也可以从天主教教义找到契合资本主义精神的东西。他认为新教地区之所以有资本主义发展,关键在于跨国界的天主教教会受到另一个跨国界的世界经济体的威胁,而这个经济体在中心国家那里(这些国家属于新教教区)得到支持,所以天主教才反对现代化,因而天主教势力强大的地区,资本主义发展落后于新教教区。

这样,西欧资本主义地理大扩张,带来了欧洲范围内的劳动分工,再

①[美]伊曼纽尔·沃勒斯坦:《现代世界体系》(1 卷),北京,高等教育出版社,1998,第 181 页。

②[美]伊曼纽尔·沃勒斯坦:《现代世界体系》(1 卷),北京,高等教育出版社,1998,第 182 页。

③[美]伊曼纽尔·沃勒斯坦:《现代世界体系》(1 卷),北京,高等教育出版社,1998,第 184 页。

加上有绝对王权的保障,在 16 世纪时,一个小型的世界体系在欧洲初步形成。

2.2.2 资本主义世界经济体的结构

沃勒斯坦认为世界经济体存在统一的劳动分工,这种分工不仅是功能上的,而且是地理上的。以劳动分工为基础,根据经济活动的复杂性、国家机器的力量,世界经济体可以划分为中心——半边缘——边缘的三层等级结构。由于世界经济体超越了国家、社会的界限,围绕着世界市场,通过劳动分工将各部分联接成一个整体。对于这个世界经济体,沃勒斯坦给予的定义是:"世界经济体"概念假定存在一种经济……仅且仅有一种正进行的广泛的、相对完整的劳动分工,有一套关联的生产过程,通过"市场"把彼此联接起来,它由一种复杂的方式"组建"或"创造"。[1] 由于体系内存在复杂的劳动分工,每一部分的生产都专门化了,以便与其他部分交换它所需要的。这样,世界经济体被一个复杂的全球经济交换网络联系在一起。

历史上,劳动分工一直是经济学家们探讨的一个问题。李嘉图的比较优势说就认为劳动分工有利于提高效率、有利于资源合理配置。而战后的新马克思主义者则提出相反的看法,他们认为在当前的国际关系框架下,世界范围内的劳动分工导致的是不同地区之间资本积累的不平衡,从而形成国家间的分化。

"中心——边缘"概念来自于普雷维什,他用这一对概念表示国际贸易中的分化,中心代表出口制成品的国家或地区,而边缘则表示出口农矿产品的国家或地区,世界市场的贸易条件有利于前者,而不利于后者。后来,弗兰克用中心——卫星(metropole-satellite)来表示发达国家与欠发

---

①I. Wallerstein,"Patterns and prospectives of the capitalist world—economy",*Contemporary Marxism* Vol. 9,1984,p. 59.

达国家,认为两者是被扭曲的资本主义发展状况的体现。沃勒斯坦在此基础上进行改进,认为单一劳动分工使得世界经济体形成了一个中心——半边缘——边缘的空间结构。这是一个等级体系,每一部分在经济体中所处的地位不同,所起的作用也不同。

资本主义世界经济体16世纪初形成于西欧,以后逐步扩展,到19世纪时,基本囊括全球。"这一体系伴有单一的劳动分工,并存在着一个世界市场;在这个市场中人们为了出售和利润而大量生产农产品"。① 当时,"由于一系列的偶然事件——历史的、生态的、地理的——西北欧比欧洲其他地区在16世纪拥有更好的实现其农业专业化的条件,并发展了某些工业(如纺织、造船及金属冶炼)。西北欧成了这个世界经济体系中的核心地区,农业生产在较高的技术水平基础上实现了专业化,这有助于(其具体原因太复杂而难以解释)租佃和雇佣劳动成为一种劳动管理方式。东欧和西半球成了边缘地区,专门出口谷物、金银、木材、棉花及食糖——这一切有助于使用奴隶制及将强制的经济作物劳动作为劳动管理方式。欧洲地中海地区成为世界经济体系的半边缘地区,专门生产高档工业品(如丝绸衣服)和进行信贷金融交易,其结果使分担劳作成为农业区的劳动管理方式,并很少向其他地方出口产品"。② 这一经济体的范围不断扩大,分属各个部分的国家或地区也多有变化,但其中心——边缘的结构关系却始终没变。

所谓中心,就是世界体系中在经济上、政治上占据主导地位的地区,它由"这些国家组成,它的工农业生产是最有效率并且其经济活动的复杂性和资本积累的水平是最高的"。③ 在世界劳动分工里,中心专门生产最"先进"的商品。即技术含量高、资本密集和利润高的产品,在劳工控制上

①[美]伊曼纽尔·沃勒斯坦:《沃勒斯坦精粹》,南京,南京大学出版社,2003,第110页。

②[美]伊曼纽尔·沃勒斯坦:《沃勒斯坦精粹》,南京,南京大学出版社,2003,第111页。

③W. Thampson(ed),*Contending Approaches to World—System Analysis*,Beverly hills,CA:Sage,1983, p.12.

采用雇佣制。中心国家往往在军事上也是最强大的,并且行政管理得最好。因而干预世界市场的能力强。① 自世界体系形成以来,中心大部分时间都是由西欧的几个国家构成,到了 20 世纪,美国、日本先后加入这一行列。

世界体系的另一端就是边缘了。它主要生产一些技术相对简单、劳动密集型产品,并且利润低。它采用强制性的劳动控制方式。在现代的大部分时间里,边缘的经济活动围绕着中心来进行,出口一些原材料、初级产品。边缘国家不仅在经济上处于不利地位,而且在军事上、政治上都比较弱小。在历史上,先是东欧成为边缘,后来是非洲、美洲、亚洲沦为殖民地而融入世界经济体,成为边缘。为什么边缘剥削很重要?蔡斯-邓恩(Chase-Dunn)提供了一种解释:"也许从来就不是这样……更多的剩余产品是从边缘抽取的。中心的大部分剩余价值是由中心工人使用相对多的生产技术所生产的。但是,从边缘抽取的剩余产品允许中心的扩大生产在相对和平的过程中扮演关键角色。它有三个方面的作用:(1)可以降低中心国的资本家的冲突、竞争水平。(2)在中心国之间调整权力关系而不破坏国家间体系。(3)提升中心资本与劳力之间的相对和谐。"② 为什么额外的剩余价值有这些实效?第一,中心资本家在边缘获得的额外财富给了他们一种获得额外价值的附加手段,使得他们不须像控制中心市场一样竞争。第二,中心国为获得领土和经济优势的竞争被部分地从试图控制边缘地区转移了。因此,对中心国来讲,成功不须破坏其他竞争者。边缘为中心的扩张提供了另一条出路。第三,如列宁所说,从边缘所得的额外剩余给中心资本家提供了一种满足中心工人的要求的手段,并且无需降低利润率,这至少降低了中心的阶级冲突。另外,来自边缘的剩

---

①Thomas Richard Shannon, *An Introduction to the World-System Perspective*, San Francisco, Westview Press, 1989. p. 24.

②Thomas Richard Shannon, *An Introduction to the World-System Perspective*, San Francisco, Westview Press, 1989. p. 31.

余生产(通过增加劳力剥削范围)在帮助结束世界经济体的经济停滞方面起到了重要作用。

在现代,对边缘来说,被中心剥削已成为塑造其经济、社会结构的基本因素。结果,边缘不能积累必要的资本来实现经济现代化。由于被中心剥削,多数边缘不能获得快速、自我持续的经济发展。投资所需的资本落入中心资本家手中。边缘的资本都落入了满足中心需要的企业里。与此同时,这种剥削关系塑造了边缘阶级关系、政治冲突和其他体制安排的一般特征。"没有边缘,就没有中心,没有中心——边缘,就没有资本主义的发展"。[1] 沃勒斯坦认为世界经济体的结构就决定了资本主义是不平等的,从其诞生起就表现为地区之间不平等的劳动分工与剥削。在近500年的历史中,尽管不同国家和地区的位置发生了变化,但中心——半边缘——边缘这样的一个结构却始终未变。

半边缘处于中心与边缘之间。它呈现出一种过渡的特征,相对于中心,它呈现为一种边缘的特征;但相对于边缘,它又呈现出中心的特点了。半边缘概念的引入是沃勒斯坦在弗兰克的中心——卫星二元结构基础上的一个创举,他发现二元结构模式比较僵硬,有许多缺点。"一个以不平等分配为基础的体系必定会经常为受压迫者的政治反抗而担忧,一个很小的具有极高地位和收入的部分面对着一个占据体系绝大多数人口而只具极低地位和收入的部分,这样一种两极分化的体系很快会导致阶级的形成以及尖锐、分裂的斗争"。[2] 一个二元结构在两极分化的压力下很容易崩溃,这不符合几百年来的历史事实。半边缘实际上起到了一个缓冲调节的作用,保持着世界体系的总体稳定。从这个意义讲,半边缘是世界经济体结构上的需要。这种需要既是经济上的,更是政治上的。"半边缘

---

①Terence K. Hopkins, The studies of the capitalist world—economy: some introductory considerations, in *World—systems Analysis: Theory and Methodology*, p.13.

②Immanuel Wallerstein, *The Capitalist World—Economy*. New york, Cambridge university press, 1999, p.69.

地区是一个世界经济体不可缺少的结构性要素。这些地区所起的作用同帝国中各中间贸易集团能起的作用相似……这些中间地区(如同帝国中的各种中间集团)部分地使政治压力转移,否则那些主要是处于边缘地区的集团有可能直接反对中心国家和那些利用中心国家机器在国内操纵的集团"。① 并且,二元结构模式也难以解释一些国家或地区在体系内结构位置的变化,似乎中心将永远是中心,边缘将永远是边缘,其命运是难以逆转的,或者在两者之间直接转化,这显然与现实不符。现在有了三元结构模式,这些问题都可以得到解释。

另外,由于半边缘的存在,还可以解释传统的反体系运动为什么会失败。因为存在着向上提升的可能,所以反体系运动很容易被主流社会所同化,最终归于失败。②

总之,"国际阶层化不仅是世界资本主义体系的基本特征,也是维持体系延续必要的结构性安排"。③ 它强调经济体内的横向结构对发展的制约。一个国家在经济体中的位置决定了它的状况。相比之下,现代化理论关注的是一个国家的纵向发展,现代化论者认为每个国家都有相同的发展机会,而沃勒斯坦则认为:"从理论上讲,所有的国家同时'发展'是不可能的,所谓扩大的差距对世界经济体的运行来说不是什么反常现象,而是始终存在的基本机制。当然,一些国家能够'发展',但这些上升是以其他国家的下降为代价的。"④沃勒斯坦并不排除某些边缘、半边缘国家有发展的可能,成功地实现在世界体系中地位的上升,但是在现代世界体系中所进行的是一场"零和游戏",有国家上升就意味着有国家下降。所有国家不可能达到同一发展水平,历史和现状对欠发达国家发展来说更

①[美]伊曼纽尔·沃勒斯坦:《现代世界体系》(1卷),北京,高等教育出版社,1998,第463页。
②参见安然:《论沃勒斯坦的现代化思想》,《史学月刊》,2006,第2期。
③萧新煌编:《低度发展与发展——发展社会学选读》,台湾,巨流图书公司,1991,第425页。
④Immanuel Wallerstein, *The Capitalist World—Economy*. New york, Cambridge university press,1979,p.73.

加不利。根本的解决办法就是从整体上改变这个体系,而不是依附论提倡的脱钩战略。

2.2.3 动力

沃勒斯坦认为世界经济体最基本的活动就是进行"无止境的资本积累","在这个历史体系中,资本的使用(投资)采取了一种特殊方式。自我扩张成为资本使用首要目标和首要意图"。[①] 无止境的资本积累成为世界经济体的动力。

(1)永远的原始积累

一般认为,马克思那里,资本主义的资本积累活动分两步走,首先是资本的原始积累,即通过掠夺,从资本主义体系之外夺取财富,并用于最初的资本积累。然后,在原始积累之后,便出现了以雇佣关系为特征的典型资本积累,这就是通过剥削工资劳动力创造的剩余价值来实现资本积累。形成了资本带来剩余价值,剩余价值资本化后产生更多的资本这样一个自我扩展过程。从逻辑上讲,资本的原始积累是资本积累的起点,为以雇佣关系为基础的资本积累创造条件。按照这种理解,以雇佣劳动为基础的资本积累才是资本主义生产方式的本质表现。

卢森堡在其《资本积累论》中,指出马克思对扩大再生产的分析有问题,"这种立足在资本主义生产的自足性和孤立性上的见解,我们认为不能解决剩余价值的实现问题",[②]因为在封闭的资本主义体系中,两大部类之间的交换,无法解决用于扩大再生产的剩余价值的实现问题。在这样一个资本主义社会里,资本家作为一个阶级只能消费剩余价值的一部分,工人阶级不管其生活水平的高低,他们消费的那部分也不可能用于扩

---

①[美]伊曼纽尔·华勒斯坦:《历史资本主义》,北京,社会科学文献出版社,1999,第 1 页。
②[德]卢森堡:《资本积累论》,北京,三联书店,1959,第 279 页。

大再生产。而资本主义生产每一天都以扩大再生产的方式进行着,这就意味着这部分剩余价值的实现必须在资本主义社会之外的环境里进行。"从剩余价值的实现及不变资本物质要素的取得两方面看,国际贸易一开始就是资本主义历史存在的首要条件",而国际贸易就是"资本主义生产形态与非资本主义生产形态之间的贸易"。[①] 由于剩余价值的实现是资本主义再生产的一个必要前提,因此,非资本主义成分的存在是维持资本主义正常运转的不可缺少的部分。正因为如此,一个广大的非资本主义世界构成了"资本积累的历史环境"。为此,资本主义世界的军事征服、政治统治、经济压榨是必不可少的,所以在卢森堡看来,帝国主义不是资本主义发展到一定阶段的产物,而是与资本主义永远相伴的特征。

在这个意义上讲,战后新马克思主义者,如弗兰克、阿明、沃勒斯坦都受到卢森堡的影响。

弗兰克认为现代拉丁美洲是西方资本主义在全球扩张的产物,在近500年的历史中始终是资本主义体系内的一个部分,中心地区的发展与边缘的欠发达是同一过程的产物。拉丁美洲的欠发达绝不是封建主义的结果,而是以特殊方式参与资本主义体系的结果。

面对这种情况,和卢森堡一样,弗兰克感到有必要对原始积累这个概念作进一步的区分和界定。弗兰克认为,所谓的原始积累不仅是指在时间上先于或早于资本主义生产方式,相反,它可以而且确实与资本主义的资本积累同时存在。这就是说,原始积累,就其作为建立在非资本主义生产关系基础上的积累而言,并不是一个时间性范畴,而是一种性质不同的初级积累。[②] 在历史资本主义的各个发展阶段,这种初级积累不仅为资本主义的资本积累作出了重大的贡献,而且在雇佣劳动和相对剩余价值占据主导地位的"纯粹"资本主义阶段,它也始终在积累过程中占有一席

---

① [德]卢森堡:《资本积累论》,北京,三联书店,1959,第289—290页。

② A. G. Frank, *World Accumulation*:1492—1789, London, The MaCmillan Press, 1978, p. 241.

之地,故有人称之为永久性的原始积累。

沃勒斯坦赞成弗兰克的观点,认为雇佣劳动和非雇佣劳动同样都是资本积累的主要形式。并且资本家从非雇佣劳动中获得的利润比从雇佣劳动中获得的更多。因此,原始积累始终伴随典型资本积累,主要表现在世界经济体中中心对边缘的剥削。

(2)不平等交换

资本积累是资本主义体系的最基本的活动,它是通过不平等交换来具体实施的。沃勒斯坦认为资本积累是通过两种形式的剥削来进行的:一种就是资本主义国家内部的阶级的不平等,除了表现为资产阶级对无产阶级的剥削外,还表现在对半无产阶级的剥削上。在这方面,沃勒斯坦有一个理论创新,认为资本主义社会对半无产阶级的剥削的强度超出了对无产阶级的强度。在"万物商品化"的世界经济体中,进行资本积累,获取最高利润是资本家的目标。为此,资本家会想办法控制无产阶级化,因为"以同样效率从事同样工作,生活在一个工资收入百分比较高的家庭(让我们称其为无产者家庭)中的工资工人,比生活在一个工资收入百分比较低的家庭(让我们把这种家庭称为半无产者家庭)中的工资工人要求有更高的货币报酬水准"。① 这些半无产者会创造一些其他形式的收入来补贴家用,如家庭手工业、养殖业等。这样,非工资工作使资本家得以向半无产者支付较低的报酬,从而降低成本。沃勒斯坦认为半无产者家庭比完全无产者家庭所遭受的剥削要更深重。② 由此可以理解为什么资本主义经济体已存在 400 多年,而无产阶级化的程度还如此之低,还不到百分之五十。

另一种形式的剥削发生在世界体系中的不同地区之间。"没有边缘,

---

① [美]伊曼纽尔·华勒斯坦:《历史资本主义》,北京,社会科学文献出版社,1999,第11页。
② [美]伊曼纽尔·华勒斯坦:《历史资本主义》,北京,社会科学文献出版社,1999,第18页。

就没有中心,没有中心——边缘,就没有资本主义的发展"。① 作为一个不平等的结构体系,资本主义经济体自始至终就表现为地区间的剥削,它是通过不平等的商品交换来实现价值转移的。希腊学者伊曼纽尔(Arrighi Emmanuel)的不平等交换理论系统阐述了在一个存在着结构性劳动分工的资本主义世界经济体中,为什么没有出现古典经济学家李嘉图所说的相对优势原则所期许的结果,反而形成了中心与边缘在经济上形成的永久性的巨大差距。

伊曼纽尔认为在国际贸易中,处于不同发展水平的两个地区由于有机构成的不同,贸易将在不平等条件下进行,发达国家在交易中以较少的劳动换回较多的劳动。伊曼纽尔把马克思的"生产价格"理论延伸到国际价格的确定方面,得出了一个基本的假设:商品和资本在国际间流动,而劳动却不能自由流动,因此,价格和利润率由于竞争而在国际间平均化,但发达国家和落后国家之间却保持着工资的巨大差异。工资之间的差异不仅说明了第三世界的商品为什么这么便宜,而西方生产的商品为什么贵,它还导致了富国与穷国之间经济发展的巨大差异。

我们可以用一个模型来说明他的观点。② 富国 A 生产 30 辆汽车,使用直接和间接劳动 720 天;而穷国 B 用 480 天直接和间接劳动生产 30 吨茶叶。B 国的工资比 A 国低,因而剥削率相应较高,但两国的资本有机构成相同。价值关系表示如下:

	c	v	m	总价值	单位产出价值
A	480	120	120	720	720/30＝24
B	240	60	180	480	480/30＝16

这里的有机构成是 4,A 国的剥削率是 100％,而 B 国的剥削率是

①Terence K. Hopkins & Immanuel Wallerstein, *World — Systems Analysis : Theory and Methodology*, London: Sage Publications, 1979, p. 13.

②[英] M. C. 霍华德、J. E. 金:《马克思主义经济学史 1929—1990》,北京,中央编译出版社,2003,第 192 页。

300％。如果没有国际资本的流动，A 国的利润率是 20％，B 国的利润率是 60％。在国际资本流动的情况下，就会产生一个平均利润率 r＝300/900＝33％。由此得出的生产价格是：

	成本价格	利润	生产价格	单位产出价格
	(c＋v)	r(c＋v)	(1＋r)(c＋v)	
A	600	200	800	800/30＝80/3
B	300	100	400	400/30＝40/3

两种商品的劳动价值比(24/16＝1.5)低于两者的价格比(80/30÷40/3＝2)。假定 A 花费(6)×(40/3)＝80 的总成本进口 6 吨茶叶，则 B 国的收入将使它能够进口三辆汽车而不会引起收支赤字，因为(3)×(80/3)＝80。但 B 国进口的劳动价值是(3)×(24)＝72，而它出口的劳动价值是(6)×(16)＝96。这样富国 A 从这场不平等交换中赚得了 24 天劳动。穷国生产的 60 剩余劳动中只剩下 36 天，另外 24 天在贸易过程中被转移到了富国。伊曼纽尔认为不平等交换扩大了工资的国际差距。一方面是富国的日益繁荣允许工资的进一步增长，另一方面是穷国的积累受阻，各自进一步下滑。整个过程成为一个累加的过程，不平等交换的后果越来越严重。

伊曼纽尔的分析还得出一个重要结论：作为不平等交换的主要受益者之一，发达国家的工人与落后国家的工人不再有共同的利益，对国家的忠诚超越了阶级利益。国际工人阶级在新时期不是走向团结而是分裂，富国与穷国之间的冲突代替阶级斗争，成为世界资本主义的主要矛盾。

沃勒斯坦接受了伊曼纽尔的不平等交换理论。他认为不平等交换尽管很早就有，但在资本主义历史体系下，掩盖得最严实。"不平等交换是如何实现的？让我们从市场的实际差异说起……商品在各个区域之间以下述方式流动：某一地把所拥有的较不'短缺'的货物'卖给'另一地区，其售价比同等标价但朝相反方向流动的商品体现出更多的实际投入(成本),这样,总利润(或剩余)的一部分就从一个地区转移到另一个地区。这是核心——边缘关系。我们可以把受损的地区称作'边缘',把获益的地区称作'核心'。这些名称实际上反映了经济运动的地理结构"。①

(3)融入

沃勒斯坦认为,在资本主义世界体系内,有两种方向相反的运动同时进行着:一种是中心的积累活动,另一种是不断有新地区融入体系,随后被边缘化。当然这两种运动是不对等的,前者是主动的,后者是被动的。因而在资本积累的推动下,世界经济体处于一个不断扩张的过程中,这就是现代世界体系能维续 400 多年的关键。"融入……包含了资本主义世界经济体的外部扩张",②自 16 世纪形成以来,在资本积累的驱动下,不断向外扩张。"在 19 世纪末 20 世纪初,整个地球,甚至那些从来没有成为过资本主义世界经济体外部领域的地区,最终也被卷入了进来",③形成一个囊括全球的体系。

沃勒斯坦首先指出融入的起因。资本积累是世界经济体的无尽动力,"无止境的资本积累也许被认为它最重要的活动和构成它的独特性。之前的历史体系似乎没有类似的特征",④这种扩张是出于世界经济体自身内部压力所致,它需要源源不断的新劳动力和原料。尤其在经济停滞期,中心国家对外扩张表现得尤为突出。

关于融入的条件,沃勒斯坦认为,在融入过程中,中心国家起到决定作用。哪些地区被融入、何时融入、融入后的状况取决于以下情况:首先是资本主义经济体的生产需要,它决定落后地区的经济结构;其次是当时

---

①〔美〕伊曼纽尔·华勒斯坦:《历史资本主义》,北京,社会科学文献出版社,1999,第 14－15页。

②Immanuel Wallerstein, *The Capitalist World－Economy*, London and New York：Cambridge University Press, 1979, pp. 145－146.

③〔美〕伊曼纽尔·沃勒斯坦:《现代世界体系》(3 卷),北京,高等教育出版社,2000,第 181页。

④Immanuel Wallerstein, *Geopolitics and Geoculture：Essays on the Changing World－system*. Cambridge University Press,1991, p. 64.

的交通、通讯、军事技术条件;再次就是中心地区国家机器的能力,它要"确保边缘地区的国家机器相对弱化或维持相对软弱的状态。这样,它们就能向这些国家结构施加压力,迫使它们接受甚至推动其权力范围内的进一步专业化,通过使用廉价劳动力和创造(或强化)使这些劳动力得以生存的相应的家庭结构,来降低它们在商品链等级中的地位"。①

关于融入的影响。对于落后地区来讲,融入过程意味着从曾经属于世界经济体外部的一个区域变成了经济体的边缘区。它是一个动态的过程,包括前后相继的三个阶段:处于外部区域、被融入、最后被边缘化。"融入根本上意味着在一个特定地理范围内,至少某些重要的生产过程,变成了构成当时资本主义世界体系劳动分工的各种商品链条的组成部分"。② 这对于这些融入地区来讲,绝对是一个天翻地覆的变化。从经济上来说,首先是一种新的进出口模式的形成。中心凭借自己的强力改变融入地区的经济结构,来为自己服务。这些地区只能生产那些专供世界市场需要的产品,并且自己本地的制造业发展受到限制,走向衰败。印度就是这方面的典型。沦为英国的殖民地后,英国的纺织品在印度倾销,使得原本很发达的印度纺织业受到致命打击,最后成为英国的棉花供应地。1840年,东印度公司的主席就说:"本公司通过各种方式成功地把印度从一个制造业国家,转变成了一个原料出口国"。③

融入和边缘化对落后地区来讲是同一个过程。在政治上,"向世界经济体的融入,必然意味着政治结构嵌入国际体系之中。这也就意味着,那些已经在这些地区存在的国家,或者把它们自己转变为存在于国际体系中的国家;或者被已采取了这种方式的新政治机构取代;或者被国际体系

---

①[美]伊曼纽尔·华勒斯坦:《历史资本主义》,北京,社会科学文献出版社,1999,第15页。

②[美]伊曼纽尔·沃勒斯坦:《现代世界体系》(3卷),北京,高等教育出版社,2000,第182页。

③[美]伊曼纽尔·沃勒斯坦:《现代世界体系》(3卷),北京,高等教育出版社,2000,第200—201页。

中的其他国家吞并"。① 印度的莫卧尔王朝在英国入侵后,最终崩溃。而奥斯曼帝国尽管力图阻止中央权力的衰落,但事与愿违,国家的政治控制力被严重削弱。一个明显标志就是它是第一个无条件接受欧洲外交规范的非基督教国家。

总之,融入的过程就是一个改造的过程,这些地区"必须加入世界体系的生产网络或商品交换的链条之中(哪怕是最低限度的),并置身于一个加入国际体系的国家内,而国际体系则成为资本主义世界经济体的上层政治建筑。由此,融入就可以被定义为这样一个整合的时期"。② 从此,边缘人民坠入无尽黑暗之中。

沃勒斯坦指出,资本主义世界经济体出于资本积累的需要而将其他地区纳入到这个体系中来。由于这个世界经济体是建立在不平等交换和强力的基础上的,因而这些融入地区从一开始就失去自主发展的自由,成为被剥削的对象,被边缘化。而"中心国家的各种优势一直在扩大"。"因此,世界经济体的发展进程趋向于在本身发展过程中扩大不同地区的经济和社会差距"。③

通过资本积累、不平等交换和融入理论,沃勒斯坦向人们揭示了不平等的资本主义世界经济体的运作机制。

2.2.4 周期与趋势

如果说,建立在劳动分工基础上的中心——半边缘——边缘是世界经济体在空间结构上表现出来的特点,那么,周期和长趋势则是世界经济

---

①[美]伊曼纽尔·沃勒斯坦:《现代世界体系》(3卷),北京,高等教育出版社,2000,第219页。

②[美]伊曼纽尔·沃勒斯坦:《现代世界体系》(3卷),北京,高等教育出版社,2000,第237页。

③[美]伊曼纽尔·沃勒斯坦:《现代世界体系》(1卷),北京,高等教育出版社,1998,第464页。

体在时间上表现出的特征。

(1)周期

经济周期(cycles)就是经济活动沿着经济发展的总体趋势所经历的有规律的扩张和收缩。一般说来,如果我们把自然灾害、瘟疫或战争等因素排除在外,那么经济活动中的周期特性并不是在任何社会下都存在。在简单商品经济中,在物物交换条件下,买卖在时间、空间上一致,因而经济波动小。当货币作为流通手段,在形式上,就存在经济危机的可能。因为货币作为流通手段,使商品的买和卖在时间和空间上分成两个过程,从而产生买和卖脱节的可能。简单商品经济以手工劳动为基础,生产规模小,供应关系比较稳定。当社会生产力发展到以社会化生产为基础、市场成为配置资源的主要形式的阶段时,经济周期性就表现得尤为明显。

经济周期问题一直是经济史学家们讨论的热点,他们提出了各种各样的观点,从3—4年一个周期到100多年一个周期不等。沃勒斯坦受到年鉴学派的影响,主张对世界经济体进行"长时段"的考察。他提出在世界经济体中,主要表现为两种周期,一种是康德拉捷耶夫周期,另一种是更长的"长周期"(logistics)。

康德拉捷耶夫周期是以俄国经济学家康德拉捷耶夫(Kondratieff, N. D)的名字命名的。他根据工农业生产数据、贸易量、工资水平、利润率及移民趋势的状况来判断周期运动。他提出自英国"工业革命"以来,世界经济平均每40—60年就会出现一次增长和衰退这样一个完整周期。具体表现如下:[①]

1780/1790—1810/1817 上升		1810/1817—1844/1851 下降
1844/1851—1870/1875 上升		1870/1875—1890/1896 下降
1890/1896—1914/1920 上升		1914/1920—下降

[①]Terence K. Hopkins, I. Wallerstein, *World—Systems Analysis*:*Theory and Methodology*, London: Sage Publications, 1979, pp. 107.

而西曼德(F. Simiand)则将上升阶段称之为 A 段,下降阶段称之为 B 段。

"长周期"比康德拉捷耶夫周期更长,可达 150－300 年。人们将这种周期的使用范围扩展,一直追溯到中世纪早期。由于它突破了资本主义世界经济体的时间界限,所以对它的界定更难,所依赖的资料就是农业价格,以及相应的人口、土地使用信息。由于对"长周期"的争论较多,沃勒斯坦对此谈论相对较少。

起先,人们在进行周期分析的时候,只是采用 A－B 两阶段的模式,后来加入一个过渡阶段 T,成为 A－T－B 模式,觉得这样更合理,特别是对于"长周期"来说,更是如此。

人们常常借助经济周期来描述经济发展过程,认为资本主义经济发展呈现波状特点。但是对于什么是引起经济波动的原因却意见不一。曼德尔(Mandel)认为土地与劳力的比例,及其发展的不平衡是关键,而对政治过程则关注不够,因而他对资本主义生产关系的定义较为狭隘。他视利润率的波动为资本主义长期积累的调节器,利润率自身的变化又以资本的有机构成、剩余价值率、原材料成本为条件。熊彼特将创新视为经济周期分析的核心,创新就是采用新方法、新材料,创造新产品,开辟新市场和建立新的企业组织形式等。创新具有扩散效益,一旦创新实现了,就会被大量的企业模仿,形成浪潮,投资活动迅速增加,经济进入高潮。但一旦创新被普及,利润就减少,经济进入紧缩。

布罗代尔和斯威奇对这些解释提出批判,认为它们都有局限性,因为这些学者的分析只是关注欧洲。他们说资本主义的社会结构提供的是一个不同的积累模式,因为资本主义是一个世界体系,它包含后来所谓的中心和边缘,不考虑这些因素来谈论周期是片面的。①

沃勒斯坦认为,经济周期不仅仅是经济方面的问题,它应涉及"政治——文化"和"经济"过程的相互作用,特别是要考虑中心和边缘的劳动

---

①Terence K. Hopkins, I. Wallerstein, *World－Systems Analysis：Theory and Methodology*, London：Sage Publications, 1979, pp. 110－112.

分工。资本的自我扩张是由其内在矛盾所决定的,停滞期之后必定是扩张期。其源自于生产的无政府状态以及在繁荣期的稳定分配(它创造了一个相对稳定的有效需求),导致了过度生产。在理论上,停滞先于扩张,因为它提供了一个资本集中的机会,这是扩张的一个因素;阶级斗争导致了收入的重新分配,这反过来又增加了需求,这是扩张的第二个因素;再加上边缘地区新劳动力的加入,提供新的剩余来源。把这些因素结合在一起,沃勒斯坦是从以下几点来谈论经济周期:①

第一,必须在全球范围内来考察资本的自我扩张。由于世界经济体的不断扩大、加深,资本的原始积累就不是一次的过程,而是一个不断的循环过程。

第二,在世界经济体内,劳动分工能有效地发挥其功能。在经济扩张期,专业化程度更加突出,相应地,各部分之间的依赖程度更紧密;在停滞期,则相反,专业化分工将收缩。

第三,政治机器在其中也能有效地发挥作用。政治对经济的影响包括:在国家内部政治斗争中,在一定程度上限制阶级之间的争斗;还能相对地限制政治敌意。这种政治功能在经济停滞期尤为突出。

第四,坚持矛盾的分析方法。即认为经济衰退是经济扩张的必要前提,经济扩张则必然导致经济衰退。如果扩张有其局限,那么资本主义发展周期在运动中就会受到限制。每一次扩张都不会完全恢复在停滞中所失去的,因而,资本主义扩张最终会停止。

沃勒斯坦根据利润率及其所导致的对高工资产品和低工资产品的需求、供应,将康德拉捷耶夫周期进一步细分为四个阶段:A1—B1—A2—B2。在A1时期,高工资产品和低工资产品的生产都增值迅速,原材料的短缺使得这一时期贸易条款对生产有利;而B1时期,低工资产品的需求开始小于其生产,而高工资产品的供给平衡,这一阶段,低工资产品先于

---

①Terence K. Hopkins, I. Wallerstein, *World—Systems Analysis：Theory and Methodology*, London：Sage Publications, 1979, pp. 112—113.

高工资产品出现停滞。并且失业率上升。A2阶段,由于世界收入的重新分配,高工资产品的需求高于低工资产品;此时贸易条款有利于高工资产品的生产,这一方面的供给速度快于低工资产品的供给。B2阶段,高工资产品的需求小于供给,因而它的生产下滑幅度大于低工资产品。经济又回到A1阶段。相应于现实历史,其细分如下:

A1:1897—1913/1920

B1:1920—1945(T=1920—1929)

A2:1945—1967

B2:1967—(T=1967—)

在B1和B2,由于低的需求,高工资产品逐渐由中心向半边缘转移;与此同时,低工资产品由边缘向半边缘、中心转移。因而,B阶段是一个专业化收缩时期,而A阶段是专业化扩张时期。

周期是经济活动的表现,是资本主义矛盾作用的结果,从中我们可以看到世界经济体的具体运作。

(2)康德拉捷耶夫周期与霸权周期

沃勒斯坦认为康德拉捷耶夫周期与霸权周期有着密切关联。所谓霸权,是指"'大国'之间连续竞争的状态是如此的不平衡,以致于一个大国能将它的法则和意愿(至少通过有效的否决权)大部分施加于经济、政治、军事、外交、甚至文化领域。这种力量的物质基础在于,该国的企业有能力在所有三个主要经济区域——农业—工业制造、商业、金融更有效地运作"。[①] 霸权的获得除了这个国家在军事上的强大以外,还与这个国家经济上的领先密不可分。由于它在生产技术上的优势,霸权国家就能够在世界市场上以有竞争力的价格出口其产品,并且还能获得强大的金融服务。可以说,强大的经济是获取霸权的先决条件,是维持霸权的基础。沃勒斯坦通过考察发现,霸权的周期与经济周期存在着关联。"这种国家间

---

①[美]伊曼纽尔·沃勒斯坦:《沃勒斯坦精粹》,南京,南京大学出版社,2003,第306页。

霸权的兴起、暂时上升和衰落,仅仅是作为一种生产模式的资本主义功能其政治机器的中心角色的一个方面"。① 这些霸权国家在结构方面存在着相似性,"这是同样体系的周期节律的反映"。② 霸权的取得与丧失与这一国家在经济领域相对效率的取得与丧失的顺序相同,每一个霸权国家在兴起时首先在农业、制造业取得优势,然后在商业,再后是金融业中取胜。同样,它们也是依照这个顺序失去其优势的。沃勒斯坦认为,近代以来,世界共出现过3个霸权国家,它们分别是荷兰、英国以及美国,③其霸权周期如下:④

	哈布斯堡王朝	荷兰	英国	美国
A1:上升阶段	1450	1575－1590	1798－1815	1897－1913/1920
B1:霸权胜利阶段		1590－1620	1815－1850	1913/1920－1945
A2:霸权成熟阶段	1559	1620－1650	1850－1873	1945－1967
B2:衰败阶段	1559－1575	1650－1672	1873－1897	1967－

总之,沃勒斯坦认为世界经济体的扩张表现为一个扩张——收缩这样一个周期性运动,它是世界经济体资本积累本质特性的体现,是研究现代世界体系的一个重要方面。

(3)世界经济体的趋势

世界经济体自形成以来,在资本积累的推动下,一直不断地扩展。表现在空间上,就是从16世纪仅限于西欧一隅,到19世纪末囊括全球。表现在影响深度上,就是社会生活的方方面面都受到了影响。并由此构成

---

① [美]伊曼纽尔·沃勒斯坦:《沃勒斯坦精粹》,南京,南京大学出版社,2003,第311页。
② [美]伊曼纽尔·沃勒斯坦:《沃勒斯坦精粹》,南京,南京大学出版社,2003,第307页。
③ 严格说来,哈布斯堡王朝并不是一个世界经济体内的霸权,参见《沃勒斯坦精粹》,第304－314页。
④ Terence K. Hopkins, I. Wallerstein, *World － Systems Analysis：Theory and Methodology*, London：Sage Publications,1979,p.118.

了资本主义世界经济体的长期趋势,主要表现在以下几方面:①

第一,机械化。在经济体中,机械使用的比例越来越大。资本家为了获取更多利润,采用新技术、新生产方法,降低成本,提高生产率。

第二,契约化(contractualization)。人们之间的关系主要是通过法律来确定,而不是传统的通过习俗、身份来确定关系。人们由此获得了更大的人身自由。并且财产得到法律保护。

第三,商品化。在资本主义经济体内,生产的目的就是为了获取最大利润,历史资本主义则是一个普遍商品化的过程,它不仅涉及交换过程,而且涉及生产过程、分配过程以及投资过程。其中最突出的就是土地和劳动的商品化。土地的商品化是资本主义市场关系的一个重要方面。劳动的商品化就是"无产阶级化",越来越多的人口被纳入到世界经济体中,成为无产阶级或半无产阶级。

第四,相互依存。随着劳动分工的发展,地区的生产过程越来越紧地切入世界经济体之中,成为世界商品链中的一部分。这样,贸易由过去的以"奢侈品"为主转向以"大众商品"为主,世界就更为紧密地联系在一起。

第五,两极化。这是指世界经济体的发展不平衡,中心和边缘之间的差距越来越大。

就以上几点而言,人们对前四点基本同意,第五点有争议。即便是这四点,也是只谈及世界经济体的一般趋势,就整体趋势而言,沃勒斯坦认为世界资本主义体系已进入一个历史的"拐点",也就说,当前这个体系已到了一个转型期,未来新体系已不远。

沃勒斯坦说,资本主义自形成以来,已有400多年的历史。"资本主义文明已到达了它生命的秋天……我们知道秋天有很多快乐,我们也知道这时必须装备应付严冬,即周期的结束,也就是一个历史体系的末

---

①Terence K. Hopkins, I. Wallerstein, *World—Systems Analysis:Theory and Methodology*, London: Sage Publications,1979,p. 104—106.

期"。① 为什么这么说？沃勒斯坦认为三个基本矛盾决定了历史资本主义的未来，即积累的困境、政治合法性的困境和地缘文化的困境。"每种矛盾都已到达了矛盾再也不能控制的程度"。②

资本积累是维持资本主义世界经济体的力量，也是它的中心活动。但要使积累最大化，就要求生产达到垄断的程度。然而，"市场上从来没有实现过经济垄断。市场在骨子里就是反垄断的"。③ 在沃勒斯坦看来，一个生产者拥有的相对生产优势是短暂的，意味其他生产者总能仿制出这种产品。于是人们在市场之外寻求帮助，他们求助于国家和习俗。国家干预市场的手段有多种，它可以凭借国家力量来对弱国施压，以获得进入对方市场的优惠条件；另外还可以利用再分配的手段使某些生产者受益。习俗尽管是无形的，并非无足轻重，它是通过创造品位来创造市场。例如利用广告和推销形式来影响群众的爱好，从而扩大市场。但有关积累的斗争是一场持久战，它反而削弱了垄断，导致利润的下降。

要提高总的利润水平，似乎已不大可能：在今天，世界经济体已囊括全球，再也没有新市场可以开发了。并且由于无产阶级化已达到最大限度，再也无法寻找新的消费者了。而且还使得统治者的政治合法性受到挑战。为什么这样说？沃勒斯坦认为当初资本主义能战胜封建主义，没有广大人民的支持是不可能的。这就需要资本主义国家作出政策调整来赢得民心：一是在政治上给予民众参政权，另外就是通过再分配，建立福利国家。这些措施在19世纪产生了很好的效果。但到20世纪，特别是1970年前后，这些措施的效果非常有限了。一是体系内可供分配的剩余价值已达极限，另外就是国家体制内的改良活动再也无法继续下去，得不到民众的支持，国家制度的合法性就丧失了。④ 沃勒斯坦认为，这些矛盾

---

①伊曼纽尔·华勒斯坦：《历史资本主义》，北京，社会科学文献出版社，1999，第91页。
②伊曼纽尔·华勒斯坦：《历史资本主义》，北京，社会科学文献出版社，1999，第91页。
③伊曼纽尔·华勒斯坦：《历史资本主义》，北京，社会科学文献出版社，1999，第92页。
④伊曼纽尔·华勒斯坦：《历史资本主义》，北京，社会科学文献出版社，1999，第91—96页。

合在一起"意味着当代的世界体系正在接近,也许已经处于一场体系性的危机之中"。① 未来的体系尚不明朗,但已不远。沃勒斯坦号召人们勇敢地作出选择。

资本主义是一个不平等的体系,这种不平等是由资本主义世界体系的生产方式造成的。沃勒斯坦通过对近代资本主义世界体系的历史进程作整体性的考察,指出发达与不发达之间的内在关联,强调当代社会发展问题的根源在于资本主义生产方式,这种理解是很深刻的。

2.3 不平等的政治体

沃勒斯坦认为,现代世界体系不仅是经济层面上讲的资本主义世界经济体,同时也是一个多重国家并存的政治体,即由众多力量不平衡、相互之间竞争的民族国家构成的国家体系。尽管政治体与经济体在运行机制上不一样,但在本质上却共同维持现代世界体系。

2.3.1 民族国家与国家体系

同马克思一样,沃勒斯坦也认为政治与经济,上层建筑与经济基础这两对矛盾关系中,经济起主要作用。这种决定作用首先表现在民族国家的起源上。16世纪初的西欧,资本主义经济的兴起提出了以"绝对王权"为特征的世俗权力机制发展的要求,这就为17、18世纪民族国家的形成提供了原动力。"欧洲世界中心地区强大国家的发展是近代资本主义发展的基本组成部分"。②"资本主义现代世界体系看来需要并促进了这一

①伊曼纽尔·华勒斯坦:《历史资本主义》,北京,社会科学文献出版社,1999,第103页。
②[美]伊曼纽尔·沃勒斯坦:《现代世界体系》(1卷),北京,高等教育出版社,1998,第174页。

增强中央集权与国内控制的长过程,至少在中心国家是这样"。①

其次,表现在国家的功能、性质上。沃勒斯坦认为,"历史资本主义是一个物质至上的文明",②"为资本积累而进行无休止的资本积累"是它的社会目标。但资本积累的过程并不是一个纯粹的经济行为,"人和集团"利用政治的手段来为自己服务。"政治就是改变权力关系,使之有利于自己,从而更改社会过程的方向"。③ 在政治的角逐中,获利的最有利的工具就是掌握国家政权了。"成功的政治角逐要求找到变革的杠杆,以便以最小投入得到最大好处。在历史资本主义结构中,政治调整的最有效的杠杆是国家组织"。④ 因此,控制国家政权成为政治领域里主要势力的战略目标。

反过来,国家权力对经济过程又产生重要影响。具体说来,政权的影响力表现在以下几个方面:第一,国家权力的最基本职责就是领土管辖权。主权这一概念使得国家在其边界内具有合法的最高管辖权。这也意味着国家有权控制在其领土范围内的商品、货币和劳动力的流动。但是,商品链中不同的生产者对国家边界政策有不同的要求:那些具有较高竞争力的生产者希望有较高的自由流动性,希望有更大的开放性。而生产效率较低的生产者则相反,希望国家利用其权力来限制跨国界的自由流动,实行重商主义政策。不同的利益诉求把人们分裂开来,每一派都力图控制国家政权来为自己的利益服务。

第二,在其领土范围里,国家政权具有调整社会生产关系的合法权力。例如国家可以通过立法改变传统的生产关系,使得劳动力商品化,强迫工人从事工资劳动,从而扩大消费,提高需求;同样它也可以通过法律行为控制无产阶级化的程度,从而降低成本。国家还有权力把一定形式

---

① [美]伊曼纽尔·沃勒斯坦:《现代世界体系》(1卷),北京,高等教育出版社,1998,第175—176页。

② [美]伊曼纽尔·华勒斯坦:《历史资本主义》,北京,社会科学文献出版社,1999,第25页。

③ [美]伊曼纽尔·华勒斯坦:《历史资本主义》,北京,社会科学文献出版社,1999,第26页。

④ [美]伊曼纽尔·华勒斯坦:《历史资本主义》,北京,社会科学文献出版社,1999,第26页。

的强制劳动合法化,可以把一些义务强加到人们头上。如果工人无视国家法律给他们的限制,试图造反,等待他们的将是国家机器的镇压。

第三,国家的另一项重要权力就是税收权。税收是财富再分配的一种重要形式,政府通过税收,积累大量财富。通过政府补贴,再分配给一部分国民,沃勒斯坦认为这些人多半是那些已经拥有大量资本的人。另外,政府还可以通过政治干预,使某些资本行为的风险社会化,这种措施还是有利于富人。能源、交通、信息建设等公共支出占了国家收入的相当一部分,尽管社会大多数人都可以从中得到好处,但并非所有的人都从中得到相等的好处。"拥有大量资本的人所得到的好处大大超过应得的份额"。①

第四,国家垄断了武装力量。其中,警察力量主要被用来维持国内秩序,保证劳动力接受分配给他们的角色和报酬;军队被用来保护本国的生产者,以便在国际竞争中处于有利地位。尽管每个国家的作用方式是一样的,但在实际中发挥的作用大小却不一样。资本积累多的国家具备较强的武装力量,既能够约束国内劳动力,又能制约其他竞争国。

总之,国家是最大限度地进行资本积累的一个关键机制。

国家体系是影响资本积累的另一个重要政治因素。在现代世界体系中,国家的主权是有限的。"国家从来就不是一个完全自治的政治实体。国家作为国家体系的组成部分而发展和形成的。国家体系是国家必须在其中运行的一系列规则,是国家舍此便不能生存的一系列合法化过程。从任何国家的国家机器的角度上看,国家体系代表了对其意志的约束"。② 由于国家是在国家体系中运行的,因而必须遵循一系列的规则。而这些规则的制定并不是通过民主协商的形式实施的,而是根据强国的意愿和能力来进行的。因此,现实中的情况通常就是强国把限制强加给弱国,使利益的天平倾向于自己。这种国家间的不平等实质上是不平等

---

①［美］伊曼纽尔·华勒斯坦:《历史资本主义》,北京,社会科学文献出版社,1999,第 30 页。
②［美］伊曼纽尔·华勒斯坦:《历史资本主义》,北京,社会科学文献出版社,1999,第 31 页。

的经济体结构在政治上的一个表现。

军事力量的不断集中可能把国家体系转变成为世界帝国,但这种努力在历史资本主义体系中从未成功过。因为经济体的经济基础与世界帝国的方向根本对立。首先由于资本积累是一个竞争过程,不断有新的竞争者加入进来,因而最有利的生产活动总是呈现扩散现象,没有一个国家可以长期垄断这种经济活动。其次,尽管每一个国家的资本积累者都利用国家机器来协助自己进行资本积累,但他们不会让国家机器过于强大,而力图让国内政治保持平衡。这样在世界体系里,政治总是为资本积累服务,而不是相反,所以世界帝国难以形成。

在世界经济体中,不可能形成世界帝国,但并不排除霸权的出现。所谓霸权,就是"强国中的一国暂时实现了一个相对宰制他国的时期。我们可以把这种相对宰制称作霸权"。① 具体地说,"国家体系中的霸权是指这样一种状态,所谓'大国'间持续不断的竞争是如此的不平衡,以致其中一个大国真正'占据首位';也就是说,一国能在很大程度上将自己的规则和愿望(至少是以有效否决权的方式)强加于经济、政治、军事、外交甚至文化领域中去"。② 霸权的含义不是军事上的,而是经济上的:在某一时期内,某一国家在工农业、商业、金融等领域都比其他国家强,也就是说,这个国家的资本积累者比其他国家的效率更高,从而在其他强国的地盘上也赢得了市场,这样一个在竞争中胜出的国家就成为霸权。由于世界经济体中的竞争性,加上维持霸权地位所必须付出的高成本,所以历史上的霸权不会是恒久的。自世界体系形成以来,共出现过三个霸权:17 世纪中叶的联合省,19 世纪中叶的英国,20 世纪中叶的美国。

一个国家的国家机器力量的大小与它的经济实力是相对应的。核心地区由于其强大的经济实力为建立强大的国家机器提供了基础,反过来,

①［美］伊曼纽尔·华勒斯坦:《历史资本主义》,北京,社会科学文献出版社,1999,第 33 页。

②Immanuel Wallerstein, *The Politics of the World － Economy*: *the states*, *the movements and the civilizations*, Cambridge University Press,1984, p.38.

核心地区凭借其强大的国家机器又为其在世界市场上谋利服务。对于核心国家来讲,"其能力之一就是确保边缘地区的国家机器相对弱化或维持相对软弱的状态。这样,它们就能向这些国家结构施加压力,迫使它们接受甚至推动其权力范围内的进一步专业化,通过使用廉价劳动力和创造(或强化)使这些劳动力得以生存的相应的家庭结构,来降低它们在商品链等级中的地位"。① 沃勒斯坦发现,在世界市场上,霸权国家由于生产上的优势,通常会大力倡导并积极推进"自由主义"经济政策,借以削弱其他国家的能力,确保自己获得最大利益。不仅如此,霸权国家还会利用文化宣传手段为自己的经济行为辩护,"通过将文化控制权强加于世界,以寻求增强其生产优势,并使其在国家体系中的角色合法化。在某种程度上,这种(文化控制权)常常见诸语言、宗教和道德观念等形式,但更重要的是强行灌输(霸权国家的)思想观念和思维方式,尤其包括贯穿于哲学和科学/社会科学中的各种范式"。②

在一个不平等的世界体系中,与中心国家、霸权相对应的另一极就是边缘国家了。这些国家的政治经济结构受到世界经济体的深刻影响。在资本积累的推动下,诞生于 16 世纪的世界经济体不断扩张,新的地区不断地融入到"它有效的劳动分工体系之中",到 19 世纪末,形成了一个囊括全球的世界经济体。在这场扩张运动中,核心国家处于主导地位,"这一过程是由于世界经济体扩展其边界的需要而发生的,那种需要是世界经济体自身内部压力的结果所致"。③ 新地区的融入会带来新的廉价劳动力、新的原料供应和新市场,成为世界经济体摆脱周期性停滞的主要途径之一。而中心国家具备这种能力,除了经济条件作基础外,强大的国家机器是保障。而被融入的国家呢,由于自己国家机器的力量不是很强,无

---

① [美]伊曼纽尔·华勒斯坦:《历史资本主义》,北京,社会科学文献出版社,1999,第 15 页。

② Immanuel Wallerstein, *The Politics of the World — Economy: the states, the movements and the civilizations*, Cambridge University Press, 1984, p.17.

③ [美]伊曼纽尔·沃勒斯坦:《现代世界体系》(3 卷),北京,高等教育出版社,2000,第 181 页。

法控制商品、资本的自由流动,在国际竞争中处于被动。除了自己的经济结构被迫调整外,随之而来的是政治网络的重建,两者相互关联在一起。"向世界经济体的融入,必然意味着政治结构嵌入国际体系之中。这也就意味着,那些已经在这些地区存在的国家,或者把它们自己转变为存在于国际体系中的国家;或者被已采取了这种方式的新政治机构取代;或者被国际体系中的其他国家吞并"。① 印度就是这样一个典型例子:英国殖民者的入侵给了莫卧尔帝国致命一击,传统政治结构解体,而英国借助于东印度公司成为统治印度的主宰。

沃勒斯坦并不认为国家是分析世界体系的准确单位,但承认国家的重要作用。与他的大历史观相一致,沃勒斯坦主张将国家纳入到国家体系中来分析。"事实上,国家体系是定义国家的框架。资本主义世界经济体的国家存在于国家体系框架内这一事实是近代国家的特殊性,区别于其他的官僚政体"。② 服从于一体化的世界经济体的要求,每个国家的主权都是有限的。作为不平等的世界经济体在政治上的表现,这个国家体系也是不平等的,核心国家利用自己的国家机器力量将一些限制性的规则强加给弱小国家,来为本国的资本积累服务。

尽管沃勒斯坦强调了政治因素对经济体的重要作用,但从总体上讲,他突出的是经济的决定作用,强调国家体系是世界经济体进行资本积累的有效载体,成为经济剥削的有力工具。他这种理论给予批评者以口实,被认为有经济决定论之嫌。

2.3.2 民族斗争、种族斗争与阶级斗争

同马克思一样,沃勒斯坦认为,资本和劳动、资产阶级和无产阶级的

---

① [美]伊曼纽尔·沃勒斯坦:《现代世界体系》(3卷),北京,高等教育出版社,2000,第219页。

② Immanuel Wallerstein, *The Politics of the World—Economy*: *the states*, *the movements and the civilizations*, Cambridge University Press, 1984, p. 33.

关系是历史资本主义的一个核心关系。在一个"物质至上的文明"里,"不仅冲在前面的人得到高额报酬,而且,顶部和底层之间物质报偿的差异很大,并在整个世界体系发展过程中日益扩大"。① 这是因为在一个"为资本积累而进行无休止的资本积累"的世界体系中,"特定剩余的分割具有零和特征,因此,矛盾必然始终存在"。② 但是由于资本积累是在世界范围内进行的,所以沃勒斯坦认为世界体系里的阶级斗争比马克思所讲的表现得更为复杂。

在 14、15 世纪西方封建制度出现危机时,东欧和西欧根据自己的实情,采取了不同的应对措施。西欧人口相对稠密,大领地被分成小地块,租给农民耕种,把劳役地租转变为货币地租,促进了自耕农的兴起。这些人发现发展技术要求较高的饲养业、园艺业更有利可图,于是将大量资金、劳力投入到回报率高的产业,进口粮食、木材、原材料。而中东欧,人口较少,又有大量未开垦的土地,再加上地主势力强大,他们把农民强制留在土地上,发展技术要求不高的劳动密集型产业。而世界市场的存在为东欧大规模发展商品性农作物提供了条件,东欧实际成为西欧的原料来源地。世界体系内不同的劳动分工导致实行不同的劳力控制方式,东欧成为边缘地区以后,实行的是强制性的商品性农作物劳动制度(co-erced cash-crop labour),这实际上是"再次农奴制"。通过不平等的交换,剩余价值从边缘东欧向中心西欧转移。从此东西欧走上了不同的发展道路。

随着经济体由欧洲向全球的扩展,中心、边缘之间的这种经济模式也扩展至全球。体系内存在复杂的劳动分工,每一部分的生产都专门化了,以便与其他部分交换它所需要的。这样,世界经济体被一个复杂的全球经济交换网络联系在一起。正如前面所指出的,这个一体化的世界经济体是不平等的,每一个国家都在中心——半边缘——边缘这样一个结构

①[美]伊曼纽尔·华勒斯坦:《历史资本主义》,北京,社会科学文献出版社,1999,第 25 页。
②[美]伊曼纽尔·华勒斯坦:《历史资本主义》,北京,社会科学文献出版社,1999,第 34 页。

中有其位置,也享有与其地位相应的权力。

沃勒斯坦认为,世界经济体的形成直接塑造、影响了民族国家和阶级,"资本主义世界经济的发展参与了近代世界主要制度的创造:阶级、道德、民族群体、家庭以及国家。所有这些结构后于资本主义,而不是先于资本主义,所有这些都是结果,而不是原因"。① 资本积累活动把人分为基本的两类:资本积累者和劳动者。在世界经济体内,由于资本积累活动超出了国家界限,因此在沃勒斯坦看来,阶级的划分与种族、民族国家是混合在一起的。"世界范围的资本积累与世界范围的劳动力之间的斗争便大量地表现为一些(较弱的)国家内各种集团对权力的争夺,其目的是利用国家权力反抗强国的资本积累者。只要这种情况发生,我们通常称作反对帝国主义的斗争"。② 这也就是说,国内的某些阶级成为国际上某种势力的代理人,使得国内的阶级斗争带有国际斗争的色彩。

而实际的情况比这还要复杂,"相关两国各自的内部界限并不总是与作为整体的世界经济中的阶级斗争完全重合。对弱国的某些资本积累者和强国的部分的劳动力来说,从单纯的民族意义而不是阶级——民族意义上来界定政治问题,对他们的眼前利益更有好处"。③ 为什么这样说呢? 沃勒斯坦发现在世界体系条件下,一个民族集团的形成过程与劳动力形成过程密切相联,大致表现了其在经济机构中的地位。这样,某一民族往往对应于经济结构中的某一阶级。如此一来,经济领域的斗争就可能与民族之间的矛盾混合在一起。而民族、种族又是通过语言、宗教、文化等方式来加以区分的。有些阶级组织就利用民族——种族意识作为斗争的手段,同样,上层阶级也利用民族——种族意识来为不同的收入作辩护。"资本积累者与劳动力中受压迫更深的部分人之间的冲突,便开始采

①Immanuel Wallerstein, *The Politics of the World—Economy: the states, the movements and the civilizations*, Cambridge University Press, 1984, p.29.

②[美]伊曼纽尔·华勒斯坦:《历史资本主义》,北京,社会科学文献出版社,1999,第35页。

③[美]伊曼纽尔·华勒斯坦:《历史资本主义》,北京,社会科学文献出版社,1999,第35页。

取语言——种族——文化斗争的形式,因为这些字眼直接关系到阶级成员的构成。无论何时何地,当这种情况发生时,我们通常称作种族或民族斗争"。① 正是随着世界体系最终囊括全球、劳动分工的地域化和生产的专门化在全球范围的建立,阶级意识与民族、种族意识日益融合在一起,因而在 20 世纪出现的一个新现象就是人们"日益用种族——民族形式来表达阶级意识了"。"20 世纪的重大社会革命(俄国、中国、越南、古巴)既是'社会的'又是'民族的',这并非是偶然"。② 同样并非偶然的是,中心国家中的受压迫的阶层(美国的黑人、加拿大的魁北克人、法国的东方人),已经开始用种族——民族形式来表达他们的阶级意识了。

所以,沃勒斯坦认为历史呈现出这样一种景象:"作为一个整体的资本主义世界经济,其结构、其历史演进、其矛盾,都是社会活动的领域。世界经济的基本政治现实是阶级斗争,然而它又经常采取变幻的形式:公开的阶级意识对种族——民族意识,民族中的阶级对跨民族的阶级。"③由于是在世界体系的框架下谈论阶级,并且这个体系表现为中心——半边缘——边缘的结构特征,所以沃勒斯坦讲的阶级不同于马克思所讲的阶级。经济活动的国际化和生产的专门化,使得经济地位的划分国际化、民族化、种族化了。在沃勒斯坦看来,阶级的划分是超国家的。中心国家的工人阶级与资产阶级一起享受了从边缘转移过来的剩余价值,因此这些国家的无产阶级已没有革命的愿望,希望只能放在边缘地区。作为一个整体,边缘成为被剥削的对象,而边缘又以民族、种族、国家的形式存在,于是情况就如 M.C.霍华德和 J.E.金所说的,"因为把民族和国家与阶级等同起来,财富与贫困也就被紧密地与国际剥削联系在一起了"。④ 这也是沃勒斯坦理论的一大特色。

---

① [美]伊曼纽尔·华勒斯坦:《历史资本主义》,北京,社会科学文献出版社,1999,第 35 页
② [美]伊曼纽尔·沃勒斯坦:《沃勒斯坦精粹》,南京,南京大学出版社,2003,第 379 页。
③ [美]伊曼纽尔·沃勒斯坦:《沃勒斯坦精粹》,南京,南京大学出版社,2003,第 380 页。
④ [美]罗纳德·H·奇尔科特主编:《批判的范式:帝国主义政治经济学》,北京,社会科学文献出版社,2001,第 31 页。

2.3.3 对自由主义的批判

自由主义是资本主义社会的意识形态,沃勒斯坦从世界体系的角度对它提出了自己的见解并对其进行了批判。

首先,沃勒斯坦指出法国大革命催生了自由主义。沃勒斯坦指出法国大革命在人类历史上具有巨大的影响,它"唤醒了千百万民众",赋予人们以伟大的"政治梦想"。政治家们提出自由、平等、博爱的口号,反对一切形式的特权。这场运动的影响如此之大,以致于此后人们都接受了以下观念:政治变革是一种正常的、持续不断的过程;主权在民而不是统治者;生活在某一地域的人民建立一个国家,成为该国公民。[①] 在此基础上形成了自由主义观念,与此相对立的是保守主义。两者的主要分歧在于控制民众的反抗,保守主义者寄希望于传统机制,以此来阻止变革,希望维持原有的社会秩序。自由主义者则认为传统机制难以适应新形势,他们主张在新的理论原则指导下逐步变革,而1848年革命催生了当代第三种意识形态的兴起,即左派社会主义意识形态。他们赞成变革,并希望步伐更快一些。主张利用国家主权改变国民社会。至此,社会主义也成为自由主义的一种变种,居于中间的自由主义成了全世界的主导意识形态。在沃勒斯坦看来,保守主义和社会主义的主张不过是自由主义倡导的有控制的改良这一主旨的变体而已,三者已无本质差异。19世纪也是自由主义大获成功的时期,统治阶级通过实行普选权和经济再分配政策,极大地缓解了民众要求进行根本性改革的压力,作为一种意识形态,自由主义在19世纪圆满地完成了维护资本主义政治秩序的作用。

其次,沃勒斯坦指出,自由主义与种族主义、性别主义是共存的。19世纪不仅是自由主义的天下,也是民族主义、种族主义和性别主义作为地

---

① [美]伊曼纽尔·华勒斯坦等:《自由主义的终结》,北京,社会科学文献出版社,2002,第375页。

缘文化而出现的时期。表面上,这三大主题是针对自由主义的,而"实际上却与自由主义之间形成了一种隐蔽的共生关系"。① 民族主义与公民身份密切相关,公民身份的创立将民众纳入到政治进程之中,它意味着某种特权。然而有接纳就有排斥,并不是所有的人都有公民身份,这种制度所导致的结果"就是将排斥从一种公开的阶级壁垒改变成为一种民族的、抑或隐秘的阶级壁垒"。② 民族主义通过一种折衷的手法——既接纳又排斥:在分享剩余价值和作出政治决策时,民族主义接纳中心地区的工人阶级,同时又将世界人口中的绝大多数人排除——同自由主义一起维护资本主义体系。

民族主义又同种族主义交织在一起,种族主义宣扬白种人、雅利安人至上论,它实际上是接纳自由主义体制内的各个强国的公民,以及生活在强国之外的殖民者的后代,而将其他地区的人们排除在外,它还是实行一种超级公民身份。并且在历史上,由于宣扬民族主义和种族主义,在意识形态上为帝国主义服务。

性别主义的情况也是如此,通过将妇女排除在劳动力市场之外,似乎给养家糊口的男人提高了工资;通过将妇女排斥在选举权之外,似乎使强国男子的选举权得到保障。

因此,自由主义成为资本主义的意识形态是合乎逻辑的:它提出要维护所谓的基本人权,其实始终只是为世界人口中的少数人服务。自由主义者提出要废除特权,他们实际上所做到的,只是将特权阶层扩大到公民这一群体。民族主义、种族主义、性别主义同自由主义一起,在享受社会发展成果上,划分出接受者和遭排斥者。

再次,沃勒斯坦指出,作为政治文化的自由主义已经失败。1989 年

---

①[美]伊曼纽尔·华勒斯坦等:《自由主义的终结》,北京,社会科学文献出版社,2002,第379页。

②[美]伊曼纽尔·华勒斯坦等:《自由主义的终结》,北京,社会科学文献出版社,2002,第379页。

柏林墙的倒塌和随后苏联的解体,在许多人看来是共产主义的彻底失败。但在沃勒斯坦认为这是一种肤浅的认识。法国大革命具有深刻的历史意义,它改变了人们的基本观念,确定了"现代性"思维。在政治领域,人们接受了这样一些观念:政治变革是一种正常的、持续不断的过程;主权在民而不是统治者;生活在某一地域的人民建立一个国家,成为该国公民。① 在此基础上形成了自由主义观念,在沃勒斯坦看来,保守主义和社会主义的主张不过是自由主义倡导的有控制的改良这一主旨的变体而已,三者已无本质差异。这三者之间的对立不过是维持内部的平衡而已。所以在沃勒斯坦看来,上世纪末苏东剧变的真正含义,是自由主义作为一种政治文化的失败。

沃勒斯坦把社会主义、共产主义看作是自由主义的变体是彻底错误的。我们并不否认社会主义、共产主义思想与自由主义思想有理论上的关联,但我们更应当看到它们之间的本质区别。

2.3.4 反体系运动

"资本主义是一个不平等的体系"。② 这种不平等主要是由资本主义世界体系的生产方式造成的。"世界体系作为一个整体所具有的特征,是具有一种生产方式……亦即是个主要通过切实改变一切而进行无休止的资本积累的体系"。③ 资本积累的后果就是形成了中心——半边缘——边缘的不平等结构,它是通过不平等交换这种手段而实现剩余价值转移的。由于现代世界体系塑造了国家、民族、阶级和家庭,因而与其经济地

---

① [美]伊曼纽尔·华勒斯坦等:《自由主义的终结》,北京,社会科学文献出版社,2002,第375 页。

② [美]伊曼纽尔·沃勒斯坦:《现代世界体系》(1 卷),北京,高等教育出版社,1998,中文版序言第 2 页。

③ [美]伊曼纽尔·华勒斯坦等:《自由主义的终结》,北京,社会科学文献出版社,2002,第372 页。

位相应,国家、民族、阶级也处于一个等级系统之中。所以在现代世界体系中,国家压迫国家,民族压迫民族,阶级压迫阶级是普遍的现象。哪里有压迫,哪里就有反抗。"反抗压迫和社会等级体系的存在是同一范围的事情"。① 所以,在沃勒斯坦看来,世界体系的形成过程同时也就是反体系运动的过程。

"资本主义作为一个体系的矛盾之一就是它的一个规定性特征,即一体化趋势本身对反体系活动的现实产生了影响"。② 沃勒斯坦认为,在 19 世纪世界体系发展到一个新的高度,反体系运动也随着走向一个新阶段:人们开始设立一些制度、制定一些目标并成立正式组织,这些活动明显地具有政治性了。19 世纪,世界范围内出现了两种主要的反体系运动,即社会运动和民族运动。社会运动是指雇佣劳动者反对雇主、无产阶级反对资产阶级的运动,目标是实现法国革命的理想——自由、平等和博爱;而民族运动则是弱势民族——种族反抗强势民族——种族的压迫,目标是要实现两个集团平等的法律地位。尽管两种运动有这么大的差异,但它们的基本战略是一致的。它们都认为现代世界的关键政治结构是国家机器,因此掌握国家机器是它们实现目标的关键。

到了 20 世纪 80 年代,依照 1848 年的目标来看,反体系运动都取得了令人瞩目的成就:先前的殖民地都走向独立,建立起自己的政权;在一些国家,"社会主义"建立起来,在一些中心国家,社会民主党掌握了政权。

但从另外一个角度来看,反体系运动所取得的成就是有限的。为什么呢? 因为"它们要摧毁的东西——积累过程的组织力量——也一直在发挥着作用,部分原因在于一种'内在的逻辑',部分原因在于这些运动的

---

①[美]伊曼纽尔·华勒斯坦等:《自由主义的终结》,北京,社会科学文献出版社,2002,第 295 页。

②[美]伊曼纽尔·华勒斯坦等:《自由主义的终结》,北京,社会科学文献出版社,2002,第 295 页。

成就本身"。① "实际上,问题的症结可能在于把夺取政权作为运动支点的战略决策"。② 当这些反体系运动取得政权以后,它还是继续作为历史资本主义社会分工的一部分,在追求资本积累的压力下运行。虽然进行了一定程度的改革,但由于无力改变整个世界体系的规则,所以改革的成果是有限的,只是"剥削程度有所降低,剥削方式有所改良"。利益的争夺在这些国家继续进行。"夺取政权代表了对体系的一种改革。改革的确改善了现状,但永远会付出代价,这就是:它同时增强了体系的力量"。③ 因为,在资本主义世界经济中,国家的权力是有限的。反体系运动取得政权以后,由于仍受制于世界体系运行规则,反而偏离了当初的目标。要知道,"在资本主义世界经济框架内,资本积累规则通行于整个体系。国家结构的变化改变了积累的政治,却无力结束它"。④

沃勒斯坦认为1968年的世界革命是对传统反体系运动的不信任,人们认识到获取政权距离反体系运动的最终目的相差还很远,它没有改变世界资本主义的资本积累规律,没有建立起一个更加平等的世界。

1968年的世界革命运动也表明反体系运动走向一个新的阶段。它不再以掌握政权为目标,而是与其他一些运动联合起来,如生态运动、女权运动、种族运动和反全球化运动等。所采取的策略也不同于以前:发挥知识分子作用,进行广泛的、公开的辩论;制定中期目标,组织商品化的进一步发展等。

可以说,沃勒斯坦的反体系运动认识越来越陷入经验表面、越来越零碎。无法提出深刻的、又可行的策略。从根本上说,这与他坚持从流通领域来分析资本主义世界体系密不可分,这种认识仅限于资本主义的经验层面,无法深入其本质。这正如布鲁厄所评价的,"弗兰克和沃勒斯坦两

---

① [美]伊曼纽尔·华勒斯坦等:《自由主义的终结》,北京,社会科学文献出版社,2002,第304页。

② [美]伊曼纽尔·华勒斯坦:《历史资本主义》,北京,社会科学文献出版社,1999,第40页。

③ [美]伊曼纽尔·华勒斯坦:《历史资本主义》,北京,社会科学文献出版社,1999,第41页。

④ [美]伊曼纽尔·华勒斯坦:《历史资本主义》,北京,社会科学文献出版社,1999,第42页。

人都直接根据所观察的事实来寻求描述性的判断。相比之下,马克思坚持抽象的必要性。对马克思来说,资本主义生产方式并不是一种直接可以观察到的经验事物(就像资本主义世界经济一样);相反,它是一种概念上的客体,思维的产物。目的是要在对真实世界的复杂性进行详细分析之前辨别出各种主要的关系并对它们进行分别的考察……因为马克思并不寻求一种实际存在的整体"。①

2.4 作为鸦片的真理:资本主义文化

在沃勒斯坦看来,资本主义文化是影响社会发展的重要因素,同时也是反映世界经济体、政治体的重要载体。从总的方面来说,由于现代世界体系在经济上是一体的,政治上是多元的,在思想观念上就表现为多元但逐渐趋同的资本主义文化。普遍主义就是资本主义文化的核心。沃勒斯坦从他独特的视角对资本主义文化的本质作了剖析。

2.4.1 普遍主义

同马克思一样,沃勒斯坦也认为经济基础决定文化上层建筑;在一个阶级社会里,居于主导地位的是统治阶级的文化。在现代世界体系中,普遍主义是反映资本主义世界经济体的主导文化。

普遍主义(Universalism)一词最初来源于基督教神学理论,意思是基督教教义具有普世价值,所以有时也翻译为普世主义。后来出现的启蒙思想延续了这一神学逻辑,强调普遍理性。现代普遍主义是资本主义文化体系中的核心部分。何谓普遍主义?"它是关于什么是可知的以及如

---

①〔英〕布鲁厄:《马克思主义的帝国主义理论》,重庆,重庆出版社,2003,第182—183页。

何可知的一套信念。这一观点的实质是,对世界(包括物质世界和社会世界)的富有意义的、一般的表述是存在的,它们普遍并永远正确;同时,科学的目标是寻找这些普遍性表述,并在公式中剔除一切所谓主观的,即一切受历史限制的因素"。① 普遍主义相信存在着放之四海皆准的"真理",它超越了地域、种族、民族和时间等方面的限制。

普遍主义存在于许多领域。首先,近代以来,科学取代了哲学、神学,成为知识话语的裁决者,是普遍主义的表现形式之一。人们常说的科学是指牛顿——笛卡尔范式的科学,它认为世界都受决定论法则的支配,事物的变化表现为线性平衡过程。只要我们具备足够的信息,就可以推断某事物将来或过去的状态。在认识论上,它认为只有那些通过实验观察得来的并且可以重复出现、能够被检验的知识才能成为真理。

其次,社会科学是普遍主义在社会知识领域的表现,它认为存在着普遍的人类行为方式,例如人权就属于当代世界的一项理念,它在道德和法律上占有领先地位,应当成为人类共同的行为标准。

在社会生活中,普遍主义也发挥着重要作用,它按照"理性化"的要求创造出一个"世界资产阶级文化",其作用就是"用来把别国的资产阶级和世界各类中间阶层的行为纳入使生产过程实现一体化、使国家体系最顺利运行的轨道,从而推动资本积累"。②"资产阶级文化"以科学自居,但首先被资本积累者用来为自己的行为辩护。"它推动了技术发明。它使采用严酷手段消除生产效益扩展障碍的做法合法化。它创造出一种进步形式,谎称它即使不立即对所有的人有好处,也会最终对所有的人有好处"。③总之,科学性文化成了世界资本积累者的博爱代号了。

沃勒斯坦指出,普遍主义"作为一种现代世界政治信条被严肃地追求",应该到资本主义世界经济中寻找其根源。资本主义世界经济体的基

---

① [美]伊曼纽尔·华勒斯坦:《历史资本主义》,北京,社会科学文献出版社,1999,第47页。
② [美]伊曼纽尔·华勒斯坦:《历史资本主义》,北京,社会科学文献出版社,1999,第49页。
③ [美]伊曼纽尔·华勒斯坦:《历史资本主义》,北京,社会科学文献出版社,1999,第50页。

础就是资本的无限积累,在此机制下,一切都商品化。在市场上,货物、资本、劳动力等都以商品的形式自由流动。与此相对应,产生了普遍主义意识形态。"在资本主义体系中,确立和运作一种作为资本积累的无限制要求所追求的普世主义意识形态,是势所难免的。因此,我们说资本主义社会关系是一种'普遍溶剂',致力于把任何事情都溶化为一种同质的商品形式,用一种单一的金钱标准加以衡量"。①一切商品化以后的一个重要结果就是提高了社会效率。其中,在劳动力商品化后,出现了"量才任用"的原则。在劳动力分工中,人们把最具竞争力的人置于最适合他们的职业位置上。因此发展了一整套制度,如公共教育体系、文官制度等来实施这一用人原则。

总之,作为资本主义世界文化的普遍主义被看作是科学、平等和进步的化身,是普遍的"真理"。

但是,沃勒斯坦却揭示普遍主义华丽盛装下的真面貌。首先,"所谓的普遍主义科学一直是狭隘的和排他主义的,尽管主张的是相反的东西"。②在科学之外,"我相信还存在着这更为广泛的科学,一种能戏剧性地与人文学科相调和的科学。因而我们能克服 C. P. 斯诺(Snow)所谓两种文化的划分"。③"人权确实不具有普遍的价值,而只是一种带有特权性质的奖赏"。④而"量才任用之下能晋升的仍是非常少的少数,因为量才任用制是虚假的普遍主义,它宣称机会是普遍的,可是按照定义来看,它只有在不普遍的情况下才有意义。量才任用制从本质上来说是精英主义"。⑤这样的"普遍主义"实际上都是"特殊主义"。其次,沃勒斯坦指出了普遍主义得以推行的一个体制基础。"对普遍主义的信仰是历史资本主义意识形态牌楼的奠基石。

---

①[美]伊曼纽尔·沃勒斯坦:《沃勒斯坦精粹》,南京,南京大学出版社,2003,第 410 页。
②[美]伊曼纽尔·华勒斯坦:《历史资本主义》,北京,社会科学文献出版社,1999,第 84 页。
③[美]伊曼纽尔·沃勒斯坦:《沃勒斯坦精粹》,南京,南京大学出版社,2003,第 341 页。
④[美]伊曼纽尔·华勒斯坦:《历史资本主义》,北京,社会科学文献出版社,1999,第 85 页。
⑤[美]伊曼纽尔·华勒斯坦:《历史资本主义》,北京,社会科学文献出版社,1999,第 86 页。

普遍主义既是一种认识论,也是一种信仰"。① 大学是追求真理的地方,当普遍主义被看成是真理而被信仰时,大学也成为制造、巩固信仰的神庙。大学通过自己的体制活动宣扬普遍主义,从而成为这种意识形态的"培训场所"。

再次,沃勒斯坦还揭露了在落后地区推行资本主义文化背后的动机。一是经济方面的原因,为了能使全球都能按照资本积累的逻辑来配置资源、安排生产,西方国家就必须清除边缘地区的传统文化,而推行资本主义文化。二是政治方面的原因,如果边缘地区的精英们"西方化"了,就会与自己的民众脱离,就可能不会造反。在资本主义世界体系中,"普遍主义是作为强者给弱者的一份礼物而贡献于世的"。②

总之,普遍主义是适应资本主义世界经济体需要而确立起来的意识形态。

2.4.2 普遍主义与种族主义、性别主义

沃勒斯坦指出,在资本主义世界体系中存在着这样一种奇特现象:强调人权、平等的普遍主义与强调等级的种族主义、性别主义共存! 这是资本主义文化的一个重要特点!

为什么会有这种情况呢? 沃勒斯坦首先从"文化"这一个概念着手研究,他发现"文化"有两种不同的含义:一是当一些人与另一些人享有某些共同的特征但又与另一些人相区别时,"我们经常用'文化'这个术语来描述这种特征、行为、价值和信仰的集体性。简言之,在这个习惯语中,每个'群体'均有其特殊的'文化'"。③ 也就是说,这层意义上的文化(用法Ⅰ)指的是群体间的区别性特征。另一层意义上的文化(用法Ⅱ),"不仅被用

---

① [美]伊曼纽尔·华勒斯坦:《历史资本主义》,北京,社会科学文献出版社,1999,第47页。
② [美]伊曼纽尔·华勒斯坦:《历史资本主义》,北京,社会科学文献出版社,1999,第50页。
③ [美]伊曼纽尔·沃勒斯坦:《沃勒斯坦精粹》,南京,南京大学出版社,2003,第317页。

于指示一个群体区别于其他群体的特征的总体性,而且用于表示群体内的确定特征,以与同一群体内的其他特征相对立"。① 比如说,用文化来表示较高级的艺术,与通俗的相对立。这也就是说,这层意义上的文化不仅是用来表示区别,还表示一种对立,表明一种等级。沃勒斯坦认为文化概念在用法上的混乱是不奇怪的,只有通过历史溯源的方法,才能发现它在"历史体系"中的意义嬗变。沃勒斯坦就指出:"实际上就是资本主义世界经济的现代世界体系导致了文化概念的广泛运用和混乱。"②

那么这个现代世界体系又有什么特征呢? 沃勒斯坦认为它是一些矛盾的复合体:

第一,它是一个"世界经济体系",是建立在一个世界统一的劳动分工基础之上,而劳动分工赖以成长的政治框架却不是统一的,而是一系列分裂的主权国家。这样,矛盾就产生了,"占主导地位的'经济'压力是'国际的',而占主导地位的'政治'压力是'国家的',这样社会生活的组织导致了一种其参与者能够解释和证明他们行动的矛盾"。③

第二,在资本积累的推动下,世界经济体周期性地扩张。经过几百年的发展,它已从当初限于西欧一隅扩展为一个覆盖全球的体系。扩张的过程是一个"合并"的过程,同时也是一个抵制的过程。对于这些融入的地区来讲,它们面临许多的疑惑:是地区文化、传统文化向世界文化、现代文化转变吗? 还是在压力之下放弃自己的文化? 如果必须放弃,那么它是现代化了还是西方化了?

第三,资本主义体系是基于资本无限积累之上的,因此,追求利润最大化是它的目的。通常有两种方式达到此目的,一是让工人的生产更加高效、更加努力,另外就是尽量降低生产成本,包括工人的工资。这样对于资本家来说,就有难题了:如何让工人工作更努力,又让他们接受低报

①[美]伊曼纽尔·沃勒斯坦:《沃勒斯坦精粹》,南京,南京大学出版社,2003,第317页。
②[美]伊曼纽尔·沃勒斯坦:《沃勒斯坦精粹》,南京,南京大学出版社,2003,第320页。
③[美]伊曼纽尔·沃勒斯坦:《沃勒斯坦精粹》,南京,南京大学出版社,2003,第321页。

酬?

第四,资本主义体系承诺人们会有一个更加美好的未来:有更多的发明、更大的生产和更多的财富等。但是它是一个两极分化的体系,真实的情况是,人均的消费并没有随着总量的增加而增加,比如说同400年前相比,现在的人均空间和绿地面积却大为减少。若论生活质量,进步与退化同在,增长的财富与真正的贫困同在。这是这个体系公开的特征。

在沃勒斯坦看来,资本主义体系就是这样一个矛盾的、复杂的体系。而"资本主义世界经济的'文化'是一个理想的体系,是我们历史地、集体地试图与这种特殊体系的社会现实的矛盾性、模糊性和复杂性相妥协的结果。我们通过创造'文化'(用法Ⅰ)这个概念来作为对实际上不断变化的世界其不变现实的肯定。而且我们通过创造'文化'(用法Ⅱ)来证明体系的不平等的合理性,试图使之在不断遭到变化威胁的世界中保持不变"。①这就是文化这个概念意义模糊、用法混乱的根源。

面对资本主义经济体的矛盾性,文化上通常的反应就是先作二分法处理:统一性与多样性、人性与种族、世界与国家、人与男人/女人,然后是让这些普世主义和特殊主义意识形态共存,使它们能包含、解释世界经济体中的每一对矛盾,并为之辩护。具体地说,资本主义文化是这样解释世界经济体中的矛盾的:

第一,世界体系在经济上是国际统一的,但在政治上却分裂为主权国家。人们是如何解释的呢,首先我们有联合国,制定了国际法,并公布了《人权普遍宣言》,宣称有人类普遍价值存在,宣布在主权国家内人们享有普遍的公民权。这些都可以用普世主义来解释。但同时又提出国家主权概念,"限制普遍法则的适用性"。实际上,国际体系内的国家是有等级的,国家内的公民也并不平等。人们就用种族主义和性别主义来解释这种现象。

---

①[美]伊曼纽尔·沃勒斯坦:《沃勒斯坦精粹》,南京,南京大学出版社,2003,第324页。

沃勒斯坦世界体系理论研究

第二,关于融入地区的西方化与现代化的难题。最简单的办法就是宣布西方文化就是普世文化,非西方地区改信基督教、改说西方语言和采用西方技术。但这样做不啻在宣扬"西方化或同化的优越",也在宣扬差别的永恒存在。反过来,如果拒绝西方化实际就是证明种族主义的合理性。

第三,关于如何让工人工作更加努力,又降低他们的报酬的问题。普世主义宣扬一种努力工作的伦理,认为高效率、更努力代表了价值。并且说较不发达的国家、较低地位的集团通过努力可以获得平等。同时种族主义、性别主义又被用来解释现存的不平等是合理的。它将民族、种族和性别间的不平等解释为他们拒绝普遍主义价值。黑人、妇女之所以报酬少、地位低,因为他们工作不努力。这两种意识形态共同作用,使得一部分人、一部分民族努力工作,但又安于低报酬。

第四,关于收入的两极分化问题。一方面,普世主义的工作伦理被用来掩饰不平等。另一方面,"生活标准的上升已经是世界体系的中心神话。它既被算术技巧维持,又被普世主义和种族主义——性别主义的共生维持"。① 为什么说有算术技巧维持呢,因为人们经常谈到生产总量的扩张,但不分析人们的生活质量,人们谈论死亡率、旅行速度,而不谈现在人们一生或每年的工作时间,也不谈环境。玩技巧还表现在人们在比较时,往往是用某些国家而不是全球来衡量。人们注意到中心的或处于上升阶段的国家,而忽略另一部分。人们往往给一个普世的承诺:所有的国家都能发展,所有的国家都将发展。然后用种族主义来解释国家间的差距。为什么有些国家发展快,因为他们更进取、更理性。而另外的国家则由于其文化而落在后头。

沃勒斯坦认为,世界经济体中的矛盾性决定了普世主义和种族主义、性别主义意识形态的共存。反过来,普世主义和种族主义、性别主义意识

---

① 〔美〕伊曼纽尔·沃勒斯坦:《沃勒斯坦精粹》,南京,南京大学出版社,2003,第 325 页。

形态也被用来为世界体系辩护。"正如民族主义与种群划分是同时出现的,我认为,作为意识形态,普世主义与种族主义/性别歧视也是同时出现的,而且构成了一个必要的共生对"。① 在资本主义体系中,普遍主义/普世主义掩盖了不平等,种族主义、性别主义强化了不平等。

让人担心的是,反体系运动竟然没有识破普世主义的假面貌!"反体系运动所看到的问题不是科学太多了,而是科学太少了……科学尚未渗透经济生活的每一个角落……革命——无论是社会的还是民族的或者两者都是的——最终将解放科学,使之发现和运用普遍真理"。② 沃勒斯坦认为"解放之梦"是资本主义世界体系的"世界观",这一梦想又分解为两大目标:在认知领域传播科学,在政治领域传播"同化"。科学是指以近代西方的认知模式作为构成知识的基础,以这种方式获得的认识就是真理,而将一切非西方的知识标示为非科学、非理性。在政治领域,国家只是为**少数人服务的**,而无产者、少数民族和妇女等都被排除在外。现在在政治**领域推行"同化"**,就是要把这些人都囊括进来,人人都平等,国家为所有的人服务。这种情况"导致了现存体系的假定的反对者——反体系运动——对这些意识形态的最模棱两可的运用"。③

传播科学、推行同化是资本主义体系维护者的"解放之梦"。在沃勒斯坦看来,科学和"同化"或革命都是资本主义体系的产物,都有其固有的局限性和欺骗性。在科学之外,"我相信还存在着更为广泛的科学,一种能戏剧性地与人文学科相调和的科学。因而我们能克服 C. P. 斯诺(Snow)所谓两种文化的划分"。④ 而从国家、民族角度来革命也有其局限性和欺骗性。反体系运动者未能看到这一点,反而继续高举科学、同化或革命的大旗,为此,沃勒斯坦忧心忡忡,"我们这里遇到的文化陷阱是很强

①[美]伊曼纽尔·沃勒斯坦:《沃勒斯坦精粹》,南京,南京大学出版社,2003,第 407 页。

②[美]伊曼纽尔·沃勒斯坦:《沃勒斯坦精粹》,南京,南京大学出版社,2003,第 340 页。

③[美]伊曼纽尔·沃勒斯坦:《沃勒斯坦精粹》,南京,南京大学出版社,2003,第 338—339 页。

④[美]伊曼纽尔·沃勒斯坦:《沃勒斯坦精粹》,南京,南京大学出版社,2003,第 341 页。

的,上面覆盖着保护性的灌木丛,使我们看不到它的轮廓和凶险"。① "我希望我能更清楚地看到该如何做,或者将往何处引导。但是我有某种感觉,在文化层面上,世界体系需要一些'外科手术'。除非我们能'开放'某些我们最珍爱的文化前提,否则我们永远不会清楚地诊断出肿瘤生长,而且提出适当的处方"。②

沃勒斯坦解释了现代世界体系中,普世主义/普遍主义与种族主义、性别主义共存的怪现象,揭示了以人权、真理标榜的普遍主义/普世主义的虚伪性,这些见解很深刻。但是他却将不具意识形态色彩的科学也作为批判的对象,这就错了。

2.4.3 欧洲中心主义

沃勒斯坦认为现代社会科学带有欧洲中心主义的色彩。其原因也很简单,"社会科学是现代世界体系的产物,而欧洲中心主义是现代世界地缘文化的构成要素"。③ 当然,这里的欧洲是一个文化用语,主要指的是西欧和北美的合称。欧洲中心主义有以下几个方面的内容:

第一,它在历史研究法上,坚持用欧洲的历史成就来解释现代世界。在过去的几个世纪,欧洲走在世界的前列,有人把欧洲所取得的成就称之为"欧洲奇迹":欧洲人开启了工业革命并保持经济的持续增长,开创了资本主义,强调个人自由。于是社会科学就把现代化解释为西方化。

第二,欧洲的社会科学都坚定地主张普遍主义,断言16到19世纪欧洲所发生的一切具有典型意义,它代表着不可逆转的人类进步。这样,普遍主义就是一种善,是世界之未来。

---

① [美]伊曼纽尔·沃勒斯坦:《沃勒斯坦精粹》,南京,南京大学出版社,2003,第341页。
② [美]伊曼纽尔·沃勒斯坦:《沃勒斯坦精粹》,南京,南京大学出版社,2003,第342页。
③ [美]伊曼纽尔·沃勒斯坦:《所知世界的终结——二十一世纪的社会科学》,北京,社会科学文献出版社,2003,第183页。

第三,坚持文明论与东方学。文明指的是与原始、野蛮截然不同的另一种状态。它表现为科技的发达、生产力的提高、个人自主性的发展、对暴力的限制,也表现为对历史进步的信仰。欧洲人将自己的文明看作是世界唯一的文明,除此之外,不存在其他文明,至少不存在能与西方文明相提并论的文明。对非西方文明的一些表述被称之为东方学。对应的两种社会不仅是西方与东方的区别,还是现代与非现代、动态与静态、有机联系与机械联系的区别。相对于西方文明,东方还停留在传统之中,代表落后、非理性。这种区别所带来的政治后果就是将西方的支配权力合法化了。

第四,坚持进步论。相信社会历史的发展与进步是进步论的主要内容。从历史上讲,这是启蒙运动的产物。启蒙运动把评判一切的权力从神那里归还给人,认为人凭借自己的理性可以获得力量和自由,可以在此岸世界建立千年王国。法国大革命造就了自由主义意识形态,反过来,它也为大革命进行辩护,认为封建社会向资本主义社会的过程是一种历史的进步。最终,相信历史进步的自由主义成为资本主义的主导意识形态。"进步变成世界历史的根本解释,变成几乎一切阶段论的逻辑依据。更有甚者,它成了一切应用科学的原动力"。① 由于将西方社会看作是历史进步的典范,相形之下,非西方社会就是落后、停滞的代名词了。并且认为西方肩负"开化"非西方的重任,这就为西方的侵略活动找到借口。

沃勒斯坦对此进行了一一反驳。

首先,反驳"欧洲奇迹"。沃勒斯坦认为即便我们也认为是欧洲启动了工业革命,开创了现代性、资本主义。但首先要解释何以是欧洲人而不是其他人开创了这个特定的现象。欧洲人在 16～19 世纪做了这些事情就可以说这是因为他们祖先具有某些特质吗?对此的另外一个质疑是,如果我们把它放到一个更长的时间段去考察的话,近代欧洲的成就不会

---

① [美]伊曼纽尔·沃勒斯坦:《所知世界的终结——二十一世纪的社会科学》,北京,社会科学文献出版社,2003,第 192 页。

突出,甚至是负面的了。"人们通常会说,16 世纪至 19 世纪欧洲人的'成就'也就似乎不那么显著,或者更像是一种周期性变化,似乎不大像是能够主要算是在欧洲账上的成就。最后,人们可以承认这些新事物是真实的,但是认为它们与其说是正面的不如说是负面的成就"。①

其次,反驳普遍主义。沃勒斯坦认为普遍主义科学一直是狭隘的和排他主义的。并且它所宣扬的普遍人权不过是一个幌子,实际上,处处坚持种族主义、性别主义。

再次,反驳文明论和东方学。沃勒斯坦指出,现在有越来越多的人接受"多元文明"的观点,认为人类文明有多个起源,它们都对现代文明的形成都起了作用。而西方将欧洲文明定于一尊,显然是一种偏见。欧洲人将自己的文明起源追溯到犹太——基督教遗产,认为只有它们才有助于现代价值观的形成,这种观点也是可疑的。东亚的崛起就充分说明了儒家文化是契合于现代社会的。东方学家们自认为是以一种价值中立的态度去解读文本,但事实证明那不过是欧洲人的偏见而已。

最后,反驳进步论。沃勒斯坦否认历史是进步的,"进步不仅是设想的或分析出来的,它还是外加的"。② 进步观念的出现是社会科学建制化的结果,"通过对欧洲的历史作用,尤其是它在现代世界扮演的历史角色的错误解释、肆意夸张和/或扭曲,社会科学已被指责为绘制一幅社会现实的虚假图画"。③ 正因为如此,欧洲过去所做的事情被不正确地分析和推断。所以,沃勒斯坦认为当前要做的事情就是认真清算"资本主义文明在其历史过程中业已完成的总账单"。在沃勒斯坦看来,所有的历史体系总有一定程度的商品化,总有在市场上牟利的人。但在现代世界体系之

①〔美〕伊曼纽尔·沃勒斯坦:《所知世界的终结——二十一世纪的社会科学》,北京,社会科学文献出版社,2003,第 185—186 页。

②〔美〕伊曼纽尔·沃勒斯坦:《所知世界的终结——二十一世纪的社会科学》,北京,社会科学文献出版社,2003,第 192 页。

③〔美〕伊曼纽尔·沃勒斯坦:《所知世界的终结——二十一世纪的社会科学》,北京,社会科学文献出版社,2003,第 193 页。

前,每当一些人过于富有、过于成功时,其他阶层的人就会利用政治的、军事的、宗教的和文化的手段约束、攻击他们,剥夺他们积累起来的资本,这就建立起一套"抑制病毒的免疫力"。但现代世界体系却突破这层限制,它以资本的无限积累为动力,在地理上全面扩张,直至囊括全球。要评论资本主义体系,从物质方面说,就是无产阶级的绝对贫困化。"世界劳动力的绝大部分,即生活在农村或在农村与城市贫民之间流动的劳动力,他们的状况比他们500年前的祖先更糟"。① 在精神方面,历史资本主义发展出一套前所未有的"压迫凌辱性意识形态架构",即性别主义和种族主义。这两种意识形态都内在于资本主义的历史结构,因而使得一部分人的特权合法化。与此相对,另一部分人"无论在物质还是精神(性别主义和种族主义)方面,都存在着绝对贫困化"。②

在揭穿了资本主义文化的真面貌之后,沃勒斯坦进一步指出,以"真理"自居的资本主义文化不过是历史的产物,"它是由贵族骑士在反对'传统的'、非科学性文化力量的顽强抵抗中提出来的……在所有这些问题上,据说都是'理性'与'迷信'的对立,'自由'与'智力压迫'的对立";③资本主义文化把自己塑造成真理、先进和现代化的代名词,以此麻痹人们的思想,掩盖不平等的事实。而这一文化在落后地区被接受以后,成为人们逃避残酷现实的鸦片。"寻求真理被宣称为进步的基石,从而也是幸福的基石,然而,它在许多方面与维持一个等级制的、不平等的社会结构却至少是一致的。资本主义世界经济扩张的过程,包括经济结构的边缘化,以及加入国家体系并受其制约的弱国结构的产生等,在文化层面上带来一系列后果:基督教的教化,强制推行欧洲语言,教授特定技术和道德准则,改变法律条文等。大部分这类转变都是由军事力量实现的。其余部分由'教育者'的说服加以实现,而他们的权威也最终是以军事力量作后

①[美]伊曼纽尔·华勒斯坦:《历史资本主义》,北京,社会科学文献出版社,1999,第62页。
②[美]伊曼纽尔·华勒斯坦:《历史资本主义》,北京,社会科学文献出版社,1999,第64页。
③[美]伊曼纽尔·华勒斯坦:《历史资本主义》,北京,社会科学文献出版社,1999,第43页。

盾的。这些复杂过程也就是我们有时所说的'西方化',或者,更带傲慢意味的'现代化'"。①

总之,在资本主义世界体系中,以"真理"自居的资本主义文化不过是大众的鸦片!"真理,作为一种文化理想,其功能犹如鸦片,并可能是现代世界惟一真正的麻醉剂"。②

沃勒斯坦对资本主义文化的虚伪性作了深刻的揭露。指出以"人权"自居的资本主义文化实则为不平等的现实服务,企图掩盖当代社会发展问题中的种族压迫、性别压迫。资本主义又把自己的文化包装成"真理",向落后地区推销,实际上不过是戴着假面具的欧洲中心主义。沃勒斯坦的这种彻底的批判精神继承了西方马克思主义的传统。但是我们也必须看到,沃勒斯坦不能以辩证的、历史的、客观的态度来评价资本主义文化。应该说,相对于封建文化,资本主义文化倡导科学、自由、进步,有其历史的进步性。特别是科学,它不属于意识形态,是人类共同的财富,对它也一并否定,是不可接受的。同时,沃勒斯坦反对历史进步论,这显然是错误的。

2.5 迈向不确定的未来

现代世界体系是一个"历史体系",它像生物体一样有自己的生命期。经过400多年的发展,它由西欧一隅,到如今已扩张到全球。在这盛极一时的表象下,沃勒斯坦看到了资本主义世界体系的极限。他认为,"资本主义文明已到达了它生命的秋天"。③ 秋天意味着收获,也意味着严冬的到来。资本主义生命周期即将结束,历史体系进入了它的末期。

①〔美〕伊曼纽尔·华勒斯坦:《历史资本主义》,北京,社会科学文献出版社,1999,第48页。
②〔美〕伊曼纽尔·华勒斯坦:《历史资本主义》,北京,社会科学文献出版社,1999,第47页。
③〔美〕伊曼纽尔·华勒斯坦:《历史资本主义》,北京,社会科学文献出版社,1999,第91页。

2.5.1 资本主义文明:成长的极限

沃勒斯坦认为经过400多年的发展,应当对资本主义社会发展"核算总账"了。此前,对资本主义文明的评价截然两立:一些人对这一体系赞誉有加,宣扬它的"革命性和进步性";而同时又得到另一些人的强烈指责,把它看作是一种"非平等主义的制度和暴虐体制"。沃勒斯坦认为要避免这种混乱,选择一个较为公正的标准很关键。人们可以从宗教里得到启示,所有的宗教都是对人类各种苦难作出的回应,人们从中得到某些慰藉,从而使得宗教信仰活动在几千年来都未曾衰竭。资本主义文明不同于宗教的地方在于它宣称,它有能力在历史中"超越历史",在地球上创建天国,作为一个历史体系的资本主义最低限度地满足它所属范围内所有人的基本需求,也就是能消除基督教《启示录》中所提到的四种苦难:战争(各国之间的战争)、内战、饥荒和因瘟疫、天灾或野兽而死亡。沃勒斯坦认为以消除这四种苦难作标准,来评判资本主义所取得的"成就",是比较公允的。

第一,在延缓由瘟疫、天灾和野兽所造成的死亡方面,也就是卫生保健方面,资本主义所取得的成就表现为:医学知识得到推广普及,公共卫生得到改善,人们懂得采取措施预防一些疾病;婴儿的死亡率有了较大降低,且人类的平均期望寿命有提高。但必须注意的是,由于整个人类生存环境的恶化,出现了一些如艾滋病这样的新疾病,疾病的数量较以往历史增加不少。另外一点就是由于人类活动的急剧扩大,生态受到巨大影响,在美洲,有多达三分之一的生物物种在这一时期灭绝了,这对后世的影响难以评估。

第二,在消除饥饿方面又是怎样呢?沃勒斯坦认为在过去,饥饿问题主要是短期的气候变化影响了收成,再加上技术落后,运输力量有限,粮食不能长期储存等原因造成的。今天,依靠技术进步,人们基本上能消除这些影响,但从中期来看,生态环境的恶化所造成的影响目前尚不能评估。目前现状是,粮食的总产量、生产率都有明显增长,但分配体系却极度扭曲,特别是对于50%到80%的人口来说,中期的威胁代替了短期威胁。

第三,在内战方面,主要表现为种族问题。为了降低总的劳动成本,资本主义世界经济使得世界劳动力种族化了。每当周期性的世界经济衰退发生时,上下种族阶层之间的矛盾就特别尖锐。沃勒斯坦认为这种形式的"内战"在20世纪并没有随着时间的推移而减少。

第四,关于战争,沃勒斯坦认为所有历史体系下都存在这种行为。资本主义文明的技术条件使得战争的杀伤力比以前更加可怕。

最后,沃勒斯坦特别强调了在资本主义世界体系下出现的物质财富的两极化现象。尽管物质财富比以前大大增加了,而且分享剩余价值的人也比以往增加了,但"这一集团的人数大概从来没有超过世界人口的七分之一。可以肯定的是,这些'中产阶层'中的许多人都集中在某些地区,因而在资本主义世界经济的核心国家中,他们也许成为公民中的大多数……但是在全世界,这个百分比要低得多。生活在资本主义世界经济制度中的人民中也许有多达85%的人,其生活水准明显不会高于500到1000年前的世界劳动人口"。①

总体评价起来,要问资本主义文明与先前的历史体系相比,是较好还是较坏?对于这个问题,沃勒斯坦认为首先需要明确问问题的对象,即它是对谁来说的?对于特权阶层来说,他们肯定认为资本主义制度比其他历史体系要好。对另一边占到世界人口50%到85%的人来说,他们所生存的世界要比以前与他们处于同样地位的人更糟。

沃勒斯坦认为,已有500年历史的资本主义世界体系到如今已近黄昏。在这500年的历史中,现代世界体系始终充满着压迫、剥削和不平

---

① [美]伊曼纽尔·华勒斯坦:《历史资本主义》,北京,社会科学文献出版社,1999,第78页。

等,以及一些周期性的震荡。不过,这个体系自身也具有调解机制,使它能在500年之久的历程中度过了多次的危机。然而,它本身固有的不平等和由此而引起的各种紧张关系始终不能消除。这也必将导致它的灭亡。正如沃勒斯坦所言:"我们并非处在资本主义胜利时期,而是处于资本主义混乱的告终时期。"①沃勒斯坦认为从现在起的50年内,资本主义世界体系正处在向另一个体系过渡的时期。这一时期将是个"冲突不断、混乱不堪"的时期,资本主义体系面临一些前所未有的困境。

(1)积累的困境

资本主义体系之所以能维续近500年,是因为它能确保资本的持续积累,能够大量盈利。资本积累是资本主义得以存在的原因所在,也是资本主义体系的中心活动。但是在今天,资本积累已经达到了它的极限。

沃勒斯坦赞成布罗代尔对资本主义市场的看法,认为它并不是一个自由透明的市场,而是被垄断扭曲了。所有生产者都试图垄断市场以获得超额利润,通常,他们都会求助于国家和习俗来达到自己的目的。国家可以通过立法来为垄断创造条件,还可以透过预算、再分配等形式影响生产者的收益。更普遍的方式是强国对弱国进行干预,以影响对方的市场。依靠习俗是创造垄断的另一种途径。广告和推销是习俗的一部分,借助于这两种形式,人们创造品位来创造市场。沃勒斯坦认为借助于国家和习俗来创造垄断是一场持久战,因为潜在的竞争者总会利用新的国家联盟来改变国家政策,总会创造新的习俗,一种垄断地位不会维持太久,就会有新的垄断者出现。

不管谁成为垄断者,资本主义经济都会出现周期性的波动,每一次经济停滞时,人们都会采取一些措施来保证积累得以继续。一般说来,人们通常采用的调整措施包括:寻求新的有竞争力的产品,为新产品寻找新市

①〔美〕伊曼纽尔·沃勒斯坦:《现代世界体系》(1卷),北京,高等教育出版社,1998,中文版序言第1页。

场,转移生产场以降低人力成本。另一种方法就是提高人们的报酬来提高需求,刺激消费。但这一来与降低人力成本相矛盾,于是资产者通过地域分离的措施来解决。即在世界体系中经济较好的地区提高人们的工资、社会福利水平以提高有效需求;而在其他地区则采取在低工资水平上扩大生产的措施,将一些农村劳动力转变为工人,将一些世界体系之外的地区纳入体系之内。沃勒斯坦认为后两种措施是资本主义体系能维持500年的不竭动力,但如今成了"最强有力的制约",因为"这个过程存在着两种内在的限制:世界经济所能包括的新地区,看来在这方面我们已经达到最大限度;把以土地为基础的农村劳动力转变为部分终生依靠工资为生的城市工人的劳动力储备枯竭程度"。① 另外,全球性的工资上涨趋势以及全球性的福利化发展,加重了资本家的成本。再加上从边缘转移的剩余价值的减少,中心国家发生了"国家财政危机"。

世界体系面临的另一个危机就是生态环境的极度恶化。为了提高利润率,生产者通常采取一种被称之为"成本的外在化"的做法,将污水、废气等直接排入自然中,从而节省了一笔污染处理费,降低了自己的生产成本。但是这样做只不过是将成本从生产者身上转嫁给了社会。沃勒斯坦认为目前的环境状态迫使各国政府必须采取措施,让生产者的成本内在化,或者增加他们的纳税,以便政府有资金从事生态恢复工作。这样做无疑加重了生产成本。

(2)政治合法性的困境

公民对政府权威的认可接纳程度是维持其统治的关键。在以往的历史体系中,统治者维持其政治合法性所采用的手法是暴力和信念相结合——制造一种观念系统,宣扬统治者是神圣的、等级制是合理的,再用暴力系统作后盾,刚柔结合,维护其统治。同时,还给予这个体系中的骨干分子以报酬,与他们结成同盟,共同维持对多数地位低的群众的统治。

①[美]伊曼纽尔·华勒斯坦:《历史资本主义》,北京,社会科学文献出版社,1999,第96页。

资本主义体系也有自己的一套观念体系,同时也对骨干分子施以报酬来获得他们的忠心。与以往历史体系相比,资本主义所采取的策略相同,但具体内容相异。历史上,法国大革命发挥重要作用,成为塑造资本主义政治文明的"催化剂"。法国大革命使得主权在民、变革具有合法性等观念深入人心,资本主义国家不得不适应这种变化,先后都走上改良主义的道路,对工人阶级作出让步以获取他们的支持。这种让步包括扩大公民的参政权、建立福利国家等措施。这些措施取得了较好的效果,"到1914年,我们看到了结果——核心国家的工人阶级与他们各自的国家很好地结合成一体,变得既有爱国主义,又有改革精神"。① 这样做的背景是,全世界的积累总额大大增加,但同时对"南方"地区的剥削也大大增加了。一战以后的威尔逊主义也延续着相同的思路,给予当时的殖民地以民族自治权(类似于国家内部实行的参政权),同时援助不发达国家的经济建设(类似于建立福利国家)。这种调整在1945年-1965年期间进行得很顺利,"南方"的非殖民化运动纷纷取得成功。但是到了70年代,这种调整再也无法继续下去,由于全世界剩余价值再分配中所能给予的份额已达到极限,先前进行的调整难以为继,民众不再支持以国家为主体的改良运动。"这样便减少了国家制度的一种凝聚力,实际上就减少了国家制度的民众合法性"。②

(3)文化的困境

与世界经济体相对应,历史资本主义也有自己的文化上层建筑。为了区别于传统文化体系,资本主义文化标榜自己为理性、科学和真理的化身。普遍主义就是资本主义文化的典型表现,它相信存在着超越了地域、种族、民族和时间等方面的限制,放之四海皆准的"真理"。在社会生活中,它认为存在着普遍的人类行为方式。"普遍主义的实质是什么? 在理

①[美]伊曼纽尔·华勒斯坦:《历史资本主义》,北京,社会科学文献出版社,1999,第98页。
②[美]伊曼纽尔·华勒斯坦:《历史资本主义》,北京,社会科学文献出版社,1999,第99页。

论上它的含义是人类在道义上都是平等的。它不仅认为所有的人都享有相同的天赋人权,而且认为人类的行为存在着我们能够查明并进行分析的普遍原则"。① 所以普遍主义是反对特权、强调平等的。而种族主义和性别主义则恰恰相反,它不认为所有的人是生而平等,而是按照生物的或文化的差异分等级,由此而确定了一部分人享有特权。

然而,"过去 500 年间,资本主义文明最不寻常的事实是对这两个主题的信仰程度以及它们在社会实践中的贯彻程度一直在加强,两者始终是并驾齐驱地或一前一后地发展"。② 为什么会出现这种情况呢,因为普遍主义虽然反对特权,但认可竞争条件下所出现的差异,在职位安排上,强调要量才任用。这样一来,就可以被那些在资本积累过程中处于高位的人用作他们职位的幌子;而种族主义——性别主义则成为处于底层的人来解释自己命运的藉口。"人权确实不具有普遍的价值,而只是一种带有特权性质的奖赏"。③ 而"量才任用之下能晋升的仍是非常少的少数,因为量才任用制是虚假的普遍主义,它宣称机会是普遍的,可是按照定义来看,它只有在不普遍的情况下才有意义。量才任用制从本质上来说是精英主义"。④ 这样的"普遍主义"实际上都是"特殊主义"。在资本主义体系中,普遍主义/普世主义掩盖了不平等,种族主义、性别主义强化了不平等。

沃勒斯坦认为,随着人们对世界体系真实面貌的深入了解,对抗"双方在政治上和文化上都已日益活跃起来"。⑤ 作为"鸦片"的资本主义文化终会被抛弃。

①[美]伊曼纽尔·华勒斯坦:《历史资本主义》,北京,社会科学文献出版社,1999,第 100 页。
②[美]伊曼纽尔·华勒斯坦:《历史资本主义》,北京,社会科学文献出版社,1999,第 101 页。
③[美]伊曼纽尔·华勒斯坦:《历史资本主义》,北京,社会科学文献出版社,1999,第 85 页。
④[美]伊曼纽尔·华勒斯坦:《历史资本主义》,北京,社会科学文献出版社,1999,第 86 页。
⑤[美]伊曼纽尔·华勒斯坦:《历史资本主义》,北京,社会科学文献出版社,1999,第 102 页。

2.5.2 走进有托之乡

有托之乡是沃勒斯坦杜撰的一个词,它与纯属幻象的乌托邦相对。走进有托之乡是沃勒斯坦对未来的一种设计、一种期盼。"有托之乡是对历史选择所作的严肃认真的思考,是对我们能够选用的具有历史意义的体系之真正合理性所作的评判"。① 在沃勒斯坦看来,有托之乡不是关于未来的完善的、必然的面貌,而是当体系处于两歧状态,在理性的指导下,人们根据科学、道德和政治的知识对未来作出的一种选择。

沃勒斯坦认为我们目前正处在一个过渡时期,未来世界会是怎样的?他认为这是难以预测的,"复杂理论教导我们:在这么一种源自两歧状态的混沌情势下,结果是全然难以预测的。我们不知道——我们也不可能知道——结果将会如何取得"。② 正是因为结果难以预测,所以沃勒斯坦将未来看作是一个自由意志选择的问题。"我认为:体系运转正常时,结构决定论的影响大于个人和群体的自由意志。但在危机和过渡时期,自由意志这一因素就突出了。2050 年的世界将是我们所塑造的世界。这就为我们的行动、意愿和精神提供了完全自由的空间"。③ 沃勒斯坦将未来归结于自由选择,这就走向历史虚无主义。

"而且我认为,我们的现行体系很可能是最不完善的:正由于它那所谓的长处(创造出的价值增长惊人),才出现了最严重的两极分化现象"。④ 沃勒斯坦将这种现象的原因归之为资本积累。"我们的现行体系

---

① [美]伊曼纽尔·华勒斯坦等:《自由主义的终结》,北京,社会科学文献出版社,2002,第365 页。

② [美]伊曼纽尔·华勒斯坦等:《自由主义的终结》,北京,社会科学文献出版社,2002,第407 页。

③ [美]伊曼纽尔·华勒斯坦等:《自由主义的终结》,北京,社会科学文献出版社,2002,第408 页。

④ [美]伊曼纽尔·华勒斯坦等:《自由主义的终结》,北京,社会科学文献出版社,2002,第412 页。

中所确保不平等现象的存在和真正民主参与集体决策的不存在的因素，是资本持续积累所处的首要地位"。①

沃勒斯坦提出的对策是，在未来世界体系中，创立非盈利的单位，"我将其用作替代体系的较恰当的基础而提出的第一个结构性要素，就是创建用作新体系内基层生产形式的、非赢利性的、自主的单位"。② 这样建立起来的市场是一个"真正的市场"，而非现行体系中由垄断控制的市场。在这样一个新体系中，民主是其特色，工人直接参与上层决策。并且许多事情都必需经过大家的辩论才能定下来，沃勒斯坦认为，在一个不受资本积累驱动的体系中，任何所辩论的事情都不会构成实质性的障碍，因为"具有善良意愿的人们定将能够克服这些障碍"。看来，在沃勒斯坦的新体系中，道德认识很重要。大家都有善良意愿的话，困难都可以解决。

在新体系中，平等又是另一种特点。由于消除了产生不平等的最主要诱因，所以在性别、种族、民族平等方面会比现行体系做得更好。沃勒斯坦建议采用随机方式来分配职位，以降低制度化了的种族主义、性别主义的影响。另外，沃勒斯坦还建议在教育、医疗保健、有保障的工作等方面由非赢利性机构提供资助，统一支付费用以消除不平等。

至于生态保护方面，沃勒斯坦认为应当要求所有生产组织将其全部成本自我消化，使恢复生态、净化环境的成本成为生产过程的一个部分。

总而言之，沃勒斯坦认为，过渡时期尽管表现为一种乱象，但也是人们的自由意志充分发挥作用的时期，"我们如果想抓住机遇——我认为这是一种道义上和政治上的责任——就必须首先确认这是什么样的机遇和会有什么样的结果"。③ 在明确政治责任以后，改变我们目前的知识结

①［美］伊曼纽尔·华勒斯坦等：《自由主义的终结》，北京，社会科学文献出版社，2002，第412页。

②［美］伊曼纽尔·华勒斯坦等：《自由主义的终结》，北京，社会科学文献出版社，2002，第415页。

③［美］伊曼纽尔·华勒斯坦等：《自由主义的终结》，北京，社会科学文献出版社，2002，第425页。

构,了解当前结构性危机的性质,然后勇敢地作出历史性选择,再去加以落实就可以了。

至此,沃勒斯坦对资本主义世界体系完成了一个总体的考察。他认为现代世界体系中的中心活动就是资本积累,资本主义政治、文化都不过是为这一中心活动服务的。而资本积累的后果必定是不平等,沃勒斯坦只是在看到这一点的基础上,就对资本主义作完全否定的评价,沃勒斯坦的作法未免也过于简单。同时,面对未来社会发展这样一个如此复杂、如此艰巨的历史任务,沃勒斯坦将它主要归结为一个道德责任、科学认知的问题,其认识本身不免显得深度不够。其原因在于他没有一种科学的、辩证的历史认识方法。他将非赢利性组织作为抑制资本积累、避免两极化的主要措施,这恐怕是没有找到问题的症结,真正实施起来,未必能解决问题。之所以出现这种问题,是因为沃勒斯坦没有看到资本积累并不是资本主义世界最后的动力源泉。不去探索资本积累背后更深层的资本主义生产关系、资本主义私有制的作用,却试图"解构"资本主义这是无法得出正确结论的,而这恰恰是沃勒斯坦世界体系理论的不足。

第3章 世界体系理论的影响及其争议

自20世纪70年代以来,世界体系理论以其独特的视角,大胆的创见在西方理论界颇受关注,从而对社会科学研究产生了深远影响。这种影响首先表现在方法论上,沃勒斯坦认为方法论的取舍与理论的成败紧密相关;在很大程度上,由于他的方法论的创新,使他能够提出世界体系理论,从而超越其他流派,成为西方社会发展理论中的一座高峰。当然,沃勒斯坦的世界体系理论也引起了许多争议,正是在这种批判与反批判中,问题被明晰了,视域被扩展了。

3.1 世界体系理论的影响

世界体系论无论是作为一种方法还是一种理论,在学界都产生了巨大的反响。沃勒斯坦把传统的方法论与19世纪社会科学制度化联系起来,从历史根源揭露其局限性,这种分析很有深度;同时,作为西方社会发展理论的最新成果,它在一定程度上综合了现代化理论及依附论的长处,把这一领域的研究推向新高。

3.1.1 世界体系理论与社会科学研究方法

沃勒斯坦认为学术研究方法直接关系到理论的成败。他自己就在这一方面进行了大胆的创新,"世界体系分析不是一个关于社会世界或关于部分世界的理论。它是对一些方法的抗议"。① 沃勒斯坦指出在社会发展研究中,现代化理论之所以误入歧途,与它采用国家、社会为单位的分析框架是分不开的,他提出只有"历史体系"才是合理的单位,才可能进行正确的分析、得出正确的结论。他还对传统的知识分科给予猛烈抨击,提倡知识整体论,呼吁学科一体化研究。这在当今学界无疑是一声惊雷。

(1)超越国家、社会的传统分析框架

沃勒斯坦认为,由于我们现在常用的社会科学研究方法在 19 世纪中期以来就被结构化了,它以一些不被质疑的先见为基础,使得学者无法完成被期望的任务。这些不合理的先见首先表现为人们自 19 世纪以来以"国家"、"社会"作为社会科学分析单位的理论取向上。沃勒斯坦认为社会科学是启蒙运动的产物,它的出现与法国大革命紧密相关。大革命使得社会变迁的观念被普遍接受,自由主义成为宣扬这一观点的意识形态。作为建制化活动产物的社会科学就认为"人类在我们可以称之为社会的实体中被组织起来,社会产生人类生命得以延续的基本的社会结构"。②"国家"被看作是与"社会"相对的另一个概念,国家是政治活动的中心,也是影响社会变化的区域。而社会则被理解为没有正式规则、只是通过习俗将人们集合在一起的组织。19 世纪形成的社会科学几乎都以一定的空间概念为基础。例如历史学家就将主权国家作为基本的活动实体,而人类学家则将社会作为基本的空间单位。把国家和社会分裂开来,并作为不同学科的分析单位,使得学术界一直争论这样一些问题:社会和国家是如何相互关联的? 哪个应该附属另一个? 哪一个具有更高的道德价值?

在沃勒斯坦看来,国家并不是一个自足的实体,它隶属于更大的国家体系。并且国家也不是自始至终都存在的,它不过是一种人为的制度设

---

①[美]伊曼纽尔·沃勒斯坦:《沃勒斯坦精粹》,南京,南京大学出版社,2003,第 162 页。
②[美]伊曼纽尔·沃勒斯坦:《沃勒斯坦精粹》,南京,南京大学出版社,2003,第 171 页。

置,其形式、力量和边界都随着时间的流逝而变化。"国家并不是生来就有的。它们是人为创造的制度,而且它们的形式、力量和边界也是通过在国家体系中的互动而不断变化的。就像世界经济随着时间不断扩展一样,世界经济的政治表现——国家体系——也一直在扩展"。① 同样,社会这个概念也是现代社会科学中最具误导性的,也是 19 世纪学科建制化的产物。传统社会科学一直在追问"什么是社会"这样一个问题,于是人们试图去寻找一些不变的因素,以此作为区分不同社会的边界。沃勒斯坦认为这是一个伪问题,真实世界并不存在这样一个抽象的实体。此外,沃勒斯坦认为国家和社会是同一的,它们并没有不同的独立的逻辑。"我们生活在国家中,在每个国家之下的是一个社会。国家拥有历史,由此也拥有传统"。②

沃勒斯坦认为,以国家、社会作为社会发展研究的分析单位,归根结底是现代世界体系的产物。传统社会科学同自由主义意识形态一起为现代世界体系辩护。社会科学家们未加审视就将国家、社会作为研究的基本分析单位,从而成为现代世界体系的辩护者。而现代世界体系注定是要被超越的。沃勒斯坦批判道:"诚然,十九世纪早期的史学家经常都把普遍历史的幻象作为自己的出发点,然而,史学家所秉持的反理论姿态,一旦同来自国家和有教养的公共舆论的社会压力结合在一起,便推动他们主要地去写本民族的历史,而'民族'一词的界定或多或少要以一个国家的地理边界为准,已经存在或正在确立的国家边疆目前所占据的空间范围也从时间上被回溯到过去。史学家强调,应基于对文化的深层情境知识而去利用各种档案文献,这样一来,在自家后院开展的史学研究仿佛就是最站得住脚了。于是便产生出这样一个结果:尽管史学家们不愿为国王进行辩护,他们又不知不觉地在为'民族'进行辩护,而且经常在为他

①转引自邓正来:《否思社会科学——国家的迷思》,《开放时代》,1998,第 6 期。
②[美]伊曼纽尔·沃勒斯坦:《沃勒斯坦精粹》,南京,南京大学出版社,2003,第 173 页。

们的新君王,即'人民'进行辩护。"①这就是说,学者如果以国家、民族作为自己理论的出发点,他们最终会为国家、民族的合理性、合法性而辩护,从而无法超越其界限,不能从未来世界的高度来把握社会发展。

在社会科学研究中,沃勒斯坦明确主张用"历史体系"代替现有的"社会"、"国家"为分析单位。在"历史体系"中,"空间似乎永远不能与时间分离"。② 根据其逻辑形式及其历史,沃勒斯坦将历史上存在过的历史体系分为三类:微小体系(mini-system)、世界帝国(world-empires)和现代世界体系(modern world-system),在每一个体系内,"体系和生活在其中的人民根据某种现行的劳动分工,有规律地生存发展"。③ 在微小体系中,人们的基本活动方式就是"互惠"交换;在世界帝国中,人们的主要活动方式为交纳贡税,并由君主重新分配;在现代世界体系中,商品交换成为普遍行为方式。而在现代,商品交换是超越国家、社会界限的世界行为。所以以国家、社会为单位来研究现代世界体系显然是不适宜了。二战以后,现代化理论的失败,就说明了以国家为发展单位的有限性。在沃勒斯坦看来,在现代世界体系内,一个国家的发展状况受到世界结构的制约,单独的国家行为具有有限性。另外,传统的反体系运动的失败也说明不适宜以国家作为研究的单位,因为这种运动以国家政权为目标,它在获取政权以后,受国家机器的制约,反而强化了现代世界体系。沃勒斯坦认为1968年的群众造反运动表明传统反体系运动的失败。"自60年代末以来,人们作出很大的努力(在每一门学科内部,在学科之间)试图削弱以国家为中心的倾向"。④

现代世界是以历史体系的形式存在的,正是由于超越了以国家、社会

---

①[美]伊曼纽尔·沃勒斯坦:《开放社会科学——重建社会科学报告书》,北京,三联书店,1997,第17—18页。

②[美]伊曼纽尔·沃勒斯坦:《沃勒斯坦精粹》,南京,南京大学出版社,2003,第187页。

③[美]伊曼纽尔·沃勒斯坦:《沃勒斯坦精粹》,南京,南京大学出版社,2003,第174页。

④[美]伊曼纽尔·沃勒斯坦:《开放社会科学——重建社会科学报告书》,北京,三联书店,1997,第90页。

为研究单位的传统分析框架,沃勒斯坦才没有被主流的现代化理论方案所迷惑。他让人们认识到社会发展的复杂性、总体性。沃勒斯坦的世界体系理论有这么大的影响,与他的研究方法创新是分不开的。

(2)知识整体论

沃勒斯坦认为,近代之前,人类的知识是统一的。但是在今天,作为认识工具的现代社会科学则是启蒙运动的产物。其严格的学科界限使得各学科之间互不往来,导致今天我们的社会科学研究误入歧途。打破学科界限,进行多学科一体化研究是沃勒斯坦一直在实践的事情。他也呼吁人们要打破19世纪以来社会科学建制化所确定的方法论界限。

首先,沃勒斯坦分析了学科的分野及其局限性。学科的分野包括两个层次,第一层次是科学与人文的分野。它的哲学基础是笛卡尔的二元论,认为自然与社会、物质与精神是根本对立的。以牛顿——笛卡尔学说为基础的现代自然科学强调定量分析和价值中立,科学研究中必须将一切不能量化的东西统统去掉,自然被"去魅",成为一个受机械运动规律支配的实体世界。在认识论上,它认为只有那些通过实验观察获得的并且可以重复出现、能够被检验的知识才能成为真理。科学探索就是"求真"。而人文学科的研究领域被限定在精神、道德领域,功能就是"求善"。这种知识的分化后来被称之为"两种文化"的分裂。作为"第三种文化"的社会科学是19世纪才"发明",它出现后,一直在自己的定位上摇摆不定。"19世纪和20世纪的学术历史被寻求真和寻求善、美之间的深刻的断裂所统治。这个断裂是现代的发明"。①

第二层次的分化是社会科学内部的分化。人们习惯于将社会科学分成经济学、政治学、社会学、人类学、历史学等学科。追根溯源,这些学科的划分是19世纪占主导地位的自由主义意识形态的产物。"这种意识形态声称国家和市场、政治学和经济学在分析方法上是独立的(和大部分自

---

① [美]伊曼纽尔·沃勒斯坦:《沃勒斯坦精粹》,南京,南京大学出版社,2003,第229页。

我封闭的)领域,每一方都拥有自己的特殊的规则(逻辑)"。① 其后又被一些制度性的建构所强化,如大学里院系的设置、学科的毕业学位以及学科的全国性和国际性的学者联合会等。沃勒斯坦认为,随着知识的分裂,作为整体的现代世界体系得不到完整的、全面的认知。

沃勒斯坦认为,传统的知识分裂目前正受到两个方面的严重挑战,一是来自自然科学领域的"复杂性研究"的挑战,另一个是来自人文科学的"文化学研究"的挑战。"复杂性研究"得出的结论是,自组织是一切事物的基本过程。它把现实解释为一个构建的过程,这就与传统的决定论模式截然两立。"文化学研究"反对传统人文科学宣扬的普遍价值,认为任何文本都是一定历史语境的产物,因而必须将此放到具体社会背景下研究。复杂性研究和文化学研究都宣称传统的决定论、知识的确定性都走到了尽头。

沃勒斯坦认为这两种研究分别将自然科学和人文科学推入社会科学的领域,这是一项重建社会科学的新行动。在这场行动中,它们"都谋求将知识领域向新的可能性开放"。所有的知识都社会科学化了,"因此,探索真和探索善是无法解脱地相互连成一体的"。②

对于知识整体论,沃勒斯坦既是一个倡导者,更是一个实践者。他的一些著作,如《现代世界体系》就充分体现了知识整体论的手法。在《现代世界体系》第一卷的导言中,他指出:"本书并非研究集团,而是研究社会体系。当人们研究社会体系时,社会科学内部的经典式分科毫无意义。人类学、经济学、政治学、社会学以及历史学的分科是以某种自由派的国家观及其对社会秩序中功能和地缘两方面的关系来确定的……我不采用多学科的方法(multidisciplinary approach)来研究社会体系,而采用一体

---

① [美]伊曼纽尔·沃勒斯坦:《沃勒斯坦精粹》,南京,南京大学出版社,2003,第167页。
② [美]伊曼纽尔·沃勒斯坦:《沃勒斯坦精粹》,南京,南京大学出版社,2003,第246页。

化学科的研究方法（unidisciplinary approach）。"①更为重要的是，他在这部著作中将"求真"与"求善"结合了起来。他认为社会科学研究都"有一个客观性和责任感问题。我不认为存在什么不具责任感的社会科学。但这并不意味着社会科学不可能是客观的"。② 所以在沃勒斯坦的著作中，除了引用大量的资料，进行客观分析之外，还不时加入沃勒斯坦自己的价值评价。正是由于沃勒斯坦在知识整体论上的努力，其代表作《现代世界体系》被翻译成十多种文字，成为人们研读的经典，从而产生了广泛的影响。

3.1.2 世界体系理论与西方社会发展理论

二战后的西方现代社会发展理论大体上分为三个主要流派：现代化理论、依附论和世界体系理论。后者是这一领域的最新成果。

现代化理论兴起于 20 世纪五六十年代的美国，它坚持认为现代社会与传统社会是两种截然不同的社会形态，分别体现着先进的现代性和落后的传统性。现代化就是由传统社会向现代社会转型的过程，西化、资本主义化是现代化的普遍模式，包括经济上的工业化、政治上的民主化、社会领域的城市化、文化上的理性化等。现代化理论认为制度体系、社会经济结构、历史文化传统等内部因素决定着现代化的基本进程。

依附论最初由拉美经济学家于二战后提出，20 世纪 60 年代末以后在美国流行起来。依附论立足于欠发达国家的现实困境，几乎在所有问题上都提出了与现代化理论针锋相对的观点：反对现代化理论的内因论，坚持外因论来解释发展困境；认为第三世界国家的欠发达状态是由历史上的殖民主义以及当代的新殖民主义造成的，西方国家的剥削与控制对

---

①〔美〕伊曼纽尔·沃勒斯坦：《现代世界体系》（1 卷），北京，高等教育出版社，1998，第 11 页。

②〔美〕伊曼纽尔·沃勒斯坦：《现代世界体系》（1 卷），北京，高等教育出版社，1998，第 8 页。

此要负责;反对西方中心论,认为西方的发达是对落后国家进行剥削的结果;反对西化论,坚持"脱钩"战略,认为边缘国家越是西化,依附程度就越深,欠发达状态就永远不可消除。第三世界要想发展,惟一的出路是与西方世界脱离关系。

上述两种社会发展理论的对立体现了冷战意识形态的影响,其观点都有一定的片面性:现代化理论过分强调内因而忽略外因,且在某些方面脱离落后国家的实际国情;依附论单纯突出外因而否认内因,且片面突出国际关系中的负面因素。这两种理论对现实的解释力都因其片面性而遭到削弱。

随着历史的发展,两派理论对峙的现实根基趋于瓦解,国际地缘政治结构发生重大重组,理论的融合成为必然之势,由沃勒斯坦开创的世界体系理论正当其时。沃勒斯坦的理论综合各家之长。在研究方法上,沃勒斯坦借鉴法国年鉴派的长时段、大范围的研究经验,熔史学、社会学、经济学、政治学、人类学、地理学等学科方法于一炉,倡导"多学科一体化"的研究;在理论渊源上,沃勒斯坦将波拉尼的市场社会批判理论,俄国经济学家康德拉捷耶夫的周期理论,马克思的资本积累理论和依附论的中心——边缘模型有机地结合起来,融入到现代世界体系理论框架之中。

与现代化理论相比,世界体系理论从全球空间结构、历史渊源出发分析不发达国家落后的原因并寻求发展路径,在发展研究的视域上大为拓展。斯科克波(Theda Skopol)在评论沃勒斯坦的著作时,就指出:"沃勒斯坦的著作《现代世界体系》一书,旨在与现代化诸理论在概念上,有个分明的突破,并提出一个新的理论范型,来指导我们研究资本主义、工业主义与民族国家的起源与发展。此一卓越的表现,不仅适得其时,也适得其所。因为许久以来,现代化研究取向已遭到严厉的批判,指责他们将国家实体化成为唯一的分析单元;假定所有的国家都将依循着由'传统'到'现代'演化发展的唯一路线(或平行、汇合的路线);同时也没有关照到足以左右国家发展途径的超国家结构的世界历史发展。"①并且沃勒斯坦强调对社会发展研究要进行历史分析。"世界体系理论的主要贡献之一就是断言,将比较详细的历史分析作为研究社会变化的一个核心部分是必要的……即使那些对世界体系理论中的具体的历史解释有疑问的人,现在似乎也达成一种比较广泛的共识,即假如社会学就大范围社会结构中的变化构建充分的理论的话,它就必须'将历史引入'"。②

在对世界体系的发展动力的分析中,沃勒斯坦超越现代化理论和依附论,坚持内外因结合来解释。③ 他认为一个国家的前期经济状况是决定其在体系中的地位的重要因素。例如当年的英国就是因为其内部原因(有利的经济结构、恰当的经济政策、强大的国家机器)而能率先完成工业革命,并成为霸权。至于外因,在他看来,近代社会变迁不是发生在单个抽象的国家或社会中,而是在一个特定的世界内,即一个时空的整体内,即发源于16世纪、以欧洲为中心的体系中。一个国家的发展必然受到它在这一单一世界体系中的结构位置的制约。因为这个层次结构是世界资本主义体系的基本特征,它维系着这个体系的生存。中心的发展以剥削边缘、半边缘为基础,边缘、半边缘的落后主要是不平等体系运转的结果。由于沃勒斯坦强调在现代世界体系的整体框架下探讨发展,他的内外因结合论就成了"世界体系动力论"。

关于社会发展,沃勒斯坦的理解要比现代化理论、依附论更为深刻。现代化理论将社会发展简化为一国范围内的经济增长、社会变迁,而没有看到社会发展的复杂性、总体性。虽然依附论将关注点扩大了,但也只局限于拉美,仅是从历史现象上指出拉美欠发达的缘由。沃勒斯坦关注的则是近代以来世界整体的发展,这被认为是当代社会发展问题的根源。

---

①萧新煌编:《低度发展与发展——发展社会学选读》,台湾,巨流图书公司,1991,第403页。

②Thomas Richard Shannon, *An Introduction to the World—System Perspective*, San Francisco, Westview Press, 1989. p. 171.

③参见安然:《论沃勒斯坦的现代化思想》,《史学月刊》,2006,第2期。

他从生产方式的高度对近代社会发展状况进行了考察。当然，他的这种考察是建立在他对资本主义生产方式的独特理解上。在他看来，资本主义生产方式必然与扩张、融入联系在一起。也就是说，资本主义与世界体系是一个硬币的两面。离开了"中心——半边缘——边缘"结构，资本主义就不可能存在，更谈不上发展。如果说，依附论只是从现象上描述了欧洲中心国家造成了非西方社会的欠发达状态，那么沃勒斯坦则以资本主义生产方式的本质来说明欠发达的根源。① 不仅如此，就是在一些较为细节的地方，沃勒斯坦的理论也显得更为高明，如相对于依附论较僵化的二元结构，沃勒斯坦将它扩展为一个三元结构，从而更具灵活性、更有说服力。在未来发展方向上，依附论多主张欠发达地区与资本主义中心"脱钩"，建立自足的经济体系。沃勒斯坦则认为在世界经济一体化的时代，单个国家不可能独立于体系之外，要真正求得发展，唯有从整体上改变现代世界体系。总之，沃勒斯坦的理论较依附论更有说服力，更契合实际。这也说明了为什么先前的一些依附论者后来都改用世界体系的分析方法。

3.2 关于世界体系的争论

沃勒斯坦是一位富有创造性的学者，而不仅仅是一般意义上的史学家、社会学家。他的作品往往气势宏伟、较多思辨，并且具有很强的现实关怀。正因为如此，几乎他的每一步作品都会在西方学术界引起争论。目前，关于世界体系理论最主要有以下几个方面的争论：

---

①参见冯钢：《"世界体系"中的资本主义和社会主义》，《浙江学刊》，1992，第 4 期。

3.2.1 世界体系,500 年还是 5000 年

沃勒斯坦认为,根据人类基本活动方式,迄今为止,人类历史上存在过三种不同的"历史体系":一是微小体系,就是古代农业、狩猎社会,在这个微小体系内,人们的基本活动方式就是"互惠"交换。二是世界帝国,如中华帝国、罗马帝国,它具有庞大政治结构,并涵盖多种文化。在这类体系中,社会的基本活动方式就是从直接生产者那里收取贡税,重新分配。三是现代世界体系,它产生于 16 世纪,一直延续到现在。它是一个经济统一体,人们的基本活动方式就是商品交换,资本主义和世界体系是同一事物。"资本主义和世界经济体系(即单一的劳动分工以及多元政治和文化)是两个相对应的共生事物,就像硬币的正反面一样,两者之间无因果关系"。[1]

世界体系就是资本主义,正是这个观点引起了其他学者的质疑。美国西北大学的阿布·卢格就提出,在 16 世纪之前,就存在一个世界体系,它起源于 11 世纪,包括了亚洲、中东和欧洲的大部分,这个体系在 13 世纪到达顶峰,在 14、15 世纪开始衰退。阿布·卢格认为,这个被称之为 13 世纪世界体系也是商业和地理扩张带来的结果。蒙古人的扩张将原先分散的各个部分联接起来,促进了长途贸易的发展和各社会间的联系。"在公元 1250—1350 年期间,国际贸易和经济的发展从西北欧一直延伸到中国……尽管初级产品(包括但不完全局限于特殊的农产品,大量是香料)构成了所有贸易的重要部分,特别是在短距内。但令人惊奇的是制造品是这个体系的核心组成部分,假如没有这些制造品,远距离贸易就不能维持。这些产品的生产必须是充分的,既能满足国内的需求又能满足出口。所以,这个体系的所有参加者的生产都有剩余,假如劳动力转移的方式以及组织工作的方

---

①[美]伊曼纽尔·沃勒斯坦:《沃勒斯坦精粹》,南京,南京大学出版社,2003,第 99 页。

法不是很先进的话,达到这些是不可能的"。① 阿布·卢格指出,由于瘟疫的影响和蒙古帝国的崩溃,13 世纪世界体系最后解体了,之后西方才兴起。这种转变只是世界体系的中心由东方向西方的转移,是作为整体的世界体系的延伸和演进。

阿布·卢格的这一思想对弗兰克产生了重大影响。早在 1987 年,当他评价阿布·卢格的 13 世纪世界体系思想时,弗兰克就说:"这件事促使我重新考虑我的世界体系起源的 1492 年的选择和沃勒斯坦的 1450 年的选择。如果在 13 世纪已经有一个世界体系(即使不是她所宣称的那个体系),那么,该体系是如何出现和何时出现的呢? 为什么就不能更早呢?"②正是阿布·卢格的启发,弗兰克致力于一种新的世界体系理论的创建。1993 年,他与英国学者吉尔斯合作的《世界体系:500 年还是 5000年?》就是这一思考的成果。在这一著作中,沃勒斯坦不仅"放大"了世界体系,而且"延长"了其历史,将仅限于描写现代社会的 500 年,延长为框定整个人类历史的 5000 年,认为几千年来,始终存在一个世界体系。

弗兰克认为描述社会变迁不应以"单个社会"、"单个国家"或"单个生产方式"作为单位,而是以"遍及各地区的物质与政治——军事相互影响所形成的最大范畴"作为分析单位。他将沃勒斯坦的世界体系归纳为几个特征:中心——边缘结构,经济周期性的起伏兴盛,霸权竞争与资本积累。他认为,这些特征不仅适用于世界体系的现代时期,而且也适用于公元 1500 年以前的世界。欧洲的兴起意味着先期存在的世界体系中霸权从东方向西方转移。如果说有什么变迁的话,那就是世界体系中的这种霸权转移,而不是新世界体系的形成。并认为我们现在又处在世界体系中的一个霸权转移和对抗交替时期,亦即霸权越过太平洋再次向西转移

---

① Janet L. Abu-Lughod, *Before European Hegemony*: *The World System A. D.* 1250-1350, Oxford University Press,1989,p. 2.

② Andre G Frank," Immanuel and Me Without Hyphen", *Journal of World - Systems Research* , Vol Ⅵ , No12, Summer/Fall 2000 http://csf colorado. edu/jwsr1

的时期。将世界体系等同于占主导地位的生产方式是一种错误。不存在从封建主义向资本主义过渡这样的事。① 弗兰克以此不仅消解了"现代社会"的独特性,而且使得世界体系成为一个没有资本主义的世界体系。

在弗兰克的另一本著作《白银资本》中,他的这一意图更加明显,"如果我们……采用一种更全球性的整体世界视野,哪怕是一种欧亚全局视野,那么不连续性就会被更大的连续性所取而代之……如果我们用更整体的视野来看整个世界,历史的连续性会显得更长远,尤其在亚洲"。② 弗兰克指出,根本没有发生过所谓的以 1500 年为界的历史断裂,而沃勒斯坦所说的欧洲发生了重大历史转折的"延长的 16 世纪",不过是世界经济扩张的一种更晚和更短暂的表现。因此,世界历史主要地是表现为一种贯穿始终的连续性。

弗兰克指出,从 1400 年起,世界各国就存在劳动分工。欧洲人渴望获得亚洲的商品,但又没有适当的商品与之交换,恰好此时发现美洲,就用美洲的白银交换亚洲的商品。白银源源不断流入亚洲,从而积累大量的财富。弗兰克指出当时的世界经济体的中心是亚洲而非欧洲,欧洲不过是搭乘亚洲经济快车的顺路客。后来,由于碰上了世界体系的危机,大约在 1800 年前后,欧洲才超越亚洲。

弗兰克通过重构世界体系理论,解构了现代性和欧洲中心主义,将世界体系的历史向前推了 5000 年,成为一个没有资本主义的世界体系。这无疑是对沃勒斯坦的世界体系理论的一个重大挑战。平心而论,这与沃勒斯坦将世界体系与资本主义看作是"同一硬币的两面"有着直接的关系。沃勒斯坦将资本主义定义为"为市场而生产"的历史体系,这种界定值得商榷。因为前资本主义社会也不排除商品生产,不排除市场交换。

①[德]安德烈·冈德·弗兰克,巴里·K.吉尔斯主编:《世界体系:500 年还是 5000 年?》北京,社会科学文献出版社,2004,第 64 页。
②[德]安德烈·贡德·弗兰克:《白银资本——重视经济全球化中的东方》,北京,中央编译出版社,2000,第 454 页。

最关键的界定标准是"剩余价值的生产是生产的直接目的和决定动机"。我们认为,考察资本主义社会,主要是从生产领域而非流通领域着手,应当从生产关系而非交换关系来界定资本主义生产方式。这样就引入了关于世界体系理论的第二个争论。

3.2.2 流通主义还是生产方式

现代化理论主要探讨的是落后国家如何才能获得发展,实现现代化。而依附论以及沃勒斯坦的发展理论主要讨论的是为什么落后国家没有实现社会发展,这两种理论都认为国际上的发达与不发达是"资本主义发展同一历史过程的产物",将资本主义制度作为影响发展的主要障碍而加以批判。特别是沃勒斯坦将现代世界体系的建立和发展等同于资本主义的创立和发展,因此,资本主义的形成及其特点成为其他学者关注和批判的重点。

沃勒斯坦将资本主义定义为一个组织经济活动的全球性的体系。资本主义和世界经济体是同一硬币的两面,[①]资本积累是维系世界体系的关键和主要活动。由于"世界体系理论视资本主义为一个完全的世界经济体。他们强调社会规则是为了满足这个全球体系而组织起来的。这种特别结构和社会的内在制度组织只有描述这个社会在世界体系中的位置及与它的关系时才能得到理解"。[②] 所以沃勒斯坦特别强调市场的作用,认为资本主义不同于其他历史体系的地方在于它是为市场而进行的生产。在沃勒斯坦看来,资本主义成分并不是很纯粹,雇佣劳动只是在中心才存在,在其他地方,各种劳动控制方式应需要而存在。只要是在世界经济体内,一切经济成分都是资本主义性质,无论是 16 世纪东欧的农奴制、

---

①[美]伊曼纽尔·沃勒斯坦:《沃勒斯坦精粹》,南京,南京大学出版社,2003,第 99 页。

②Thomas Richard Shannon, *An Introduction to the World－System Perspective*, San Francisco，Westview Press,1989. p. 23.

17—18世纪西欧的自耕农、19世纪美洲的种植园,无一例外都是资本主义的。沃勒斯坦的这一观点在学界引起了很大争议。

其实,应该从生产关系还是从交换关系来定义资本主义,是20世纪西方马克思主义者争论不休的一个老问题。早在1946年,英国马克思主义史学家多布(M. Dobb)发表《资本主义发展研究》,从生产方式方面来定义封建主义、资本主义,将封建主义定义为农奴制,是领主强迫农民通过劳役、实物或货币等形式缴纳封建地租的一种生产方式。相应地,多布把资本主义定义为以工资雇佣关系反映的特定社会生产关系。尽管多布把英国封建主义危机确定在14世纪,但直到17世纪革命爆发前,封建主义生产在英国一直占主导地位。多布指出,封建主义衰落的根源在于封建生产方式内部,其标志是劳役地租向货币地租转变和地主出租领地现象的出现。《资本主义发展研究》发布后,引起美国马克思主义经济学家斯威齐(P. M. Sweezy)的批判。他不同意多布对封建主义的定义,认为封建主义是一种"为使用而进行的"生产制度,它缺乏内在的革新动力。其衰落的主要原因在于"远距离贸易"的冲击。斯威齐强调贸易交换推动了封建社会向资本主义社会过渡。多布立即作出反驳,指出斯威奇夸大了贸易的作用,忽视了阶级斗争在历史发展中的作用。他强调,东欧的再次农奴制恰恰是大量谷物出口造成的。

随着争论的扩展,越来越多的人参与进来。霍布斯鲍姆同样强调生产关系的作用,指出中世纪后期欧洲出现的封建危机,在不同地区产生了不同的后果,在西欧出现了资本主义的发展,在东欧却强化了农奴制,造成这种差异的根源在于东欧、西欧的社会阶级结构的差异。在60、70年代,讨论的范围扩大到拉美和北美历史。弗兰克和沃勒斯坦认为这些被纳入资本主义经济体系的地区具有资本主义性质。认为资本主义世界经济体造成了这些地区的欠发达。

布伦纳(Robert Brenner)对他们两人的批判将争论推向高潮。他将沃勒斯坦、弗兰克等人称之为新斯密主义者,因为他们在分析经济增长或欠发达时,同斯密一样强调贸易发展和劳动分工是经济发展的基础。斯密在《国富论》中提出一种社会发展模式,即一个社会财富的增长是与劳动分工的程度紧密相关的,而劳动分工的程度又与贸易的发展程度联系在一起。所以一个社会的发展程度就与贸易的状况密不可分。布伦纳指出,生产关系的状况特别是阶级关系对生产力的发展有举足轻重的影响。"如果通过贸易和投资的资本主义扩张没有带来转向资本主义生产关系——表现为劳动力为商品——就不会有规模的资本积累。因此,分析资本主义经济发展首先需要理解资本主义生产关系支持资本积累的方式"。① 所以在布伦纳眼中,沃勒斯坦所描绘的资本主义经济增长只是一个量的增长:由于新地区的加入,资本积累的区域扩大了;专业化程度扩大了;更多的剩余价值被抽取了。布伦纳认为这只是一种绝对剩余价值的增长,它与前资本主义社会的增长模式没有区别。资本主义社会的增长方式主要是相对剩余价值的增长。它只有在雇佣劳动成为主导关系时才可能实现。也就是说,相对于前资本主义生产关系,只有资本主义生产关系才会导致生产力出现质的发展:由于在资本主义条件下的个人不可能生产他们所需的全部产品,只有通过交换才能满足需要,这就迫使他们提高效率,再加上同行的竞争,都迫使资本家采用先进技术、提高组织效率来提高生产效率。而前资本主义生产关系下,财产所有者被引向采纳延长工作日或削减直接生产者的收入的方式来增加收入,这与资本主义方式有质的不同。所以在布伦纳看来,沃勒斯坦等人误解了发展或欠发达的原因。

　　另外,沃勒斯坦坚持认为,世界经济体中的劳动控制系统是统治阶级在世界市场刺激下选择的结果。照沃勒斯坦的看法,随着贸易的发展和世界范围的劳动分工的形成,出于利益最大化的考虑,统治阶级都选择了最适当的劳动控制方式,因而先前的阶级关系、社会结构变得不重要了,

---

①Robert Brenner, "The Origins of Capitalist Development: A Critique of Neo-Smithian Marxism", *New Left Review*, 1977, Ⅰ/104, p. 2.

成为可任意抛弃的了。布伦纳对此加以反驳,认为这种方法探讨资本主义起源的第一个问题是它是"不现实的":统治阶级并不是简单地、自由地选择剥削直接生产者的方法,不是自由地选择所谓的劳动控制体系,而是受到客观的生产关系的限制。

布伦纳还就资本主义的兴起对沃勒斯坦作了批判。沃勒斯坦将东欧的经济落后、成为边缘说成是依赖出口谷物到西欧的结果,布伦纳说这是倒果为因。当时东欧出口谷物是因为它的生产效率低、收入不平等、国内市场狭小等原因造成的,而这一切又根源于东欧独特的农奴制的阶级结构。至于资本主义在英国的兴起,布伦纳指出是一系列农民和地主的斗争而非贸易的发展构成了原动力。布伦纳指出,沃勒斯坦等人没有抓住资本主义在世界出现后的历史意义,也没有看到资本主义与前资本主义在市场交换中的本质区别。布伦纳坚持认为,资本主义生产关系导致生产力有体系地发展。

布伦纳强调了阶级关系的重要性,并将欠发达的原因从外部转向了内部。对此,M. C. 霍华德和 J. E. 金就评论说:"罗伯特·布伦纳用生产关系术语对落后问题作出了比阿尔都塞主义者更为严谨的思考;从这方面讲,布伦纳现在被广泛地认为是巴兰、弗兰克和沃勒斯坦的最强有力的批评者。"①阿根廷学者拉克劳(Ernesto Laclau)更是一针见血地指出,弗兰克与沃勒斯坦将资本主义生产方式和参与世界资本主义经济体系混淆了。②

3.2.3 现代世界体系,一个逻辑还是两个逻辑

我们知道,沃勒斯坦对现代化理论基本上持一种否定的态度,因为它

---

①[英]M.C.霍华德、J.E.金:《马克思主义经济学史 1929—1990》,北京,中央编译出版社,2003,第 210 页。

②Ernesto Laclau,"Feudalism and capitalism in Latin America",*New Left Review*,67,1971;p. 37—38.

将民族国家作为惟一的分析单位,认为所有的国家都会沿着从"传统"到"现代"的道路,实现现代化发展。沃勒斯坦认为这一套理论不可能指导第三世界的发展,因为它们受到一个超国家体系的制约。于是沃勒斯坦提出一种新的理论范式,"来指导我们研究资本主义、工业主义与民族国家的起源与发展……沃勒斯坦在《现代世界体系》一开头与一篇题名为《资本主义世界体系所谓崛起与未来的崩溃》的相关论文中,都直截了当表明他的立场与现代化理论是针锋相对的。质是之故,全书的主要重心是在解释资本主义的结构与机能;将资本主义看作是一个世界经济体系,而将独立国家当作是'在这个单一体系内的一种组织结构'而已"。① 这个世界体系的功能从一开始就是经济的,"15 世纪末 16 世纪初,一个我们所说的欧洲世界经济体产生了……它有异于帝国、城邦和民族国家,因为它不是一个政治实体,而是一个经济实体……它是一个'世界'体系,并非由于它囊括了整个世界,而是由于它大于任何从法律上定义的政治单位。它还是一个'世界经济体',因为这个体系各部分之间的基本联系是经济的,尽管这种联系在某种程度上是由文化联系而加强的,并且最终(我们将会见到)由政治安排甚至联盟结构而加强的"。② 正是因为突出世界体系的经济功能,将世界体系的动力确定为只是进行资本积累,中心和边缘的区分表明在体系中的地位是由社会的技术发展水平和世界市场机会所决定。斯科克波(Theda Skocpol)就认为,沃勒斯坦的资本主义体系的模型是建立在两个"化约"之上。"我认为问题之所在,是这个模型以两个'化约'为基础:首先是将社会经济结构化约成受到世界市场的机会与科技生产的可能性所决定;第二是将国家结构与政策化约成受到'统治阶级'的利益所决定"。③ 斯科克波认为,由于世界体系的经济结构是从

①萧新煌编:《低度发展与发展——发展社会学选读》,台湾,巨流图书公司,1991,第 403—404 页。

②[美]伊曼纽尔·沃勒斯坦:《现代世界体系》(1 卷),北京,高等教育出版社,1998,第 12 页。

③萧新煌编:《低度发展与发展——发展社会学选读》,台湾,巨流图书公司,1991,第 408 页。

市场的角度来解释的,而国家不过是统治阶级追求市场利益的工具,国家的强弱和政策的差异不过是其在世界体系中的位置所确定了的。所以,逻辑上,沃勒斯坦的第二个化约必然会从第一个化约中导出。归根结底,沃勒斯坦的理论只是一个逻辑,那就是一些学者所说的经济决定论。

这些学者在指出沃勒斯坦的问题的同时,还强调在研究资本主义时,应当注意其他一些主题。如斯科克波就强调自足的国家结构与国际关系,而不是将它们化约。布伦纳则强调阶级关系对资本积累的影响。总之,就是要从政治和经济两个方面去分析资本主义。

沃勒斯坦坚持认为政治和经济分析的区分在世界体系理论中没有必要。世界经济体与国家间体系是单一、统一体系的相互关联的方面,没有一方比另一方更重要。在分析体系时,两者都必须一同考虑。蔡斯-邓恩(Chase-Dunn)在《国际体系与资本主义世界——一个逻辑还是两个逻辑》一文中详细回应了在这一问题上对沃勒斯坦的批判。他说资本主义和国家体系是相互依赖和相互加强的体系特征。一个依赖另一个来继续其生存。"资本主义的生产方式,是有一个单一性逻辑,在此逻辑下,政治和军事的权力与世界市场产销的利润,都扮演着一个整合性的角色"。[①] 蔡斯-邓恩说,国家体系对资本积累有着重要影响。它的运行意味着一种力量平衡,防止一国利用其政治力量控制资本积累。在世界经济体内,资本流动遵循利润最大化原则,一个国家无法控制所有资本的流动。而在世界帝国的框架下,按照政治的原则而非经济的原则分配资源,因而资本主义方式的积累活动无法生存。因此,资本主义的定义特征之一——为获得最大的私人利润而有的投资自由——被国家体系的存在所保护和维持。

反过来,资本主义经济体又对国家体系的维持产生重要影响。正如我们所看到的,资本主义世界经济体内的竞争导致了一些国家比另一些

①萧新煌编:《低度发展与发展——发展社会学选读》,台湾,巨流图书公司,1991,第379页。

更成功。但一时赢了的国家并不能保证在随后也具有优势，先前的赢者由于自身成本的提高，以及向其他国家输出技术、资本，带动其他地区的发展，逐步失去优势，最终输给后来者。这样，没有一个国家能够聚集起足够的资源能控制其他国家。资本主义竞争体系阻止了单一世界帝国的产生，从而维持了国家间的平衡。

尽管蔡斯－邓恩对沃勒斯坦作了辩解，但实际上沃勒斯坦在分析时还是过于注重经济的影响而忽略其他因素。

应该说，上述争论都是由于世界体系理论本身的缺陷而引起的。比如说，沃勒斯坦对资本主义的界定就存在问题，他将资本主义定义为"为交换"而进行的生产，将世界体系与资本主义看作是同一事物。但是我们知道商品生产只是资本主义社会形成的一个必要条件而非充分条件。马克思就明确指出，"资本主义生产方式一开始就有两个特征。第一，它生产的产品是商品。使它和其他生产方式相区别的，不在于生产商品，而在于，成为商品是它的冲破的占统治地位的、决定的性质……资本主义生产方式的第二个特征是，剩余价值的生产是生产的直接目的和决定动机"。[1] 剩余价值生产成为生产的直接目的这是资本主义社会区别于其他社会的关键，这种生产是建立在雇佣劳动的基础上的。劳动力商品的买卖，是货币转化为资本的关键，是资本主义生产关系的决定性因素。只有从雇佣劳动关系，从生产关系入手才是界定资本主义的正确方法。正是由于沃勒斯坦的定义方式存在很大的问题，这一理论漏洞成为阿布·卢格、弗兰克等人"攻击"的把柄。他们依照沃勒斯坦的逻辑，将世界体系的历史大大扩展，从而消解了世界体系的资本主义特性。而拉克劳则指出沃勒斯坦等人混淆了资本主义生产方式和参与资本主义世界经济体，这种批判是很有见地的。

---

① 《马克思恩格斯全集》(25 卷)，北京，人民出版社，1974，第 994－996 页。

第 4 章   对世界体系理论的评价

从世界体系的角度来理解资本主义是沃勒斯坦的最大理论创新,他把资本主义看作是在边缘复制不发达状况的机制,将当代社会发展问题的根源追溯到资本主义世界体系本身,这显示了他的锐利眼光。但与此同时,由于沃勒斯坦缺乏一种严谨、科学的历史认识方法,致使其理论存在一些深层次的问题。本章主要立足于马克思主义的方法、立场来评价世界体系理论。

4.1   对世界体系理论的唯物史观审视

现代世界体系理论自诞生以来,以其宽广的视野、独特的创见,在学术界产生了广泛的影响。由于沃勒斯坦的研究主题的时间跨度大、涉及范围广,本章立足于唯物史观,仅就其涉及社会发展方面的问题进行评论。

4.1.1 世界体系理论的意义

作为一位西方马克思主义者,沃勒斯坦继承了左派一贯的传统,对西方资本主义进行了全面的批判,对由资本主义引起的社会发展问题进行了全面揭露。同时又对欠发达地区的状况给予深切关怀,将西方社会发展理论向前推进一大步。

(1)对欠发达地区的深切关怀

欠发达地区的社会发展状况事关整个人类的前途和命运。在世界历史不断深化、拓展的情况下,沃勒斯坦以新的视野和研究方法,探讨了资本主义世界体系的兴起、发展、动力、结构等方面的问题,展现了欠发达地区的欠发达状态的历史成因、发展空间及前景。"沃勒斯坦对世界经济的探讨,为政治地理学家们重新回到全球性分析提供了机会……如果说麦金德指出了东西方之间的对抗(这是他久负盛名的基础)以及核心区内部的对抗,那么沃勒斯坦的探讨方法则是把南北对抗放到了世界舞台的中央"。① 其理论体现了西方马克思主义者对这一主题的一贯态度,从而在当代社会科学界产生了深远影响。这正如有的学者所评价的,"利用新马克思主义的剩余转移概念最有雄心的作品是伊曼纽尔·沃勒斯坦的关于资本主义世界经济的著作《现代世界体系》。通过总结大量的马克思主义和新马克思主义的观点,将国际收入的不平等放入历史的视野之中,伊曼纽尔·沃勒斯坦的研究是一个充满艰辛探索的典范,其中关于政治和经济的关系充满了真知灼见……现代世界体系的产生,不仅在高档次和低档次商品的生产者之间进行了一种新的全球性的劳动分工,而且还伴随着两类社会和政治组织不断增长的两极化"。②

沃勒斯坦对近代资本主义世界体系的历史进程作了整体性的考察。他从"生产方式"的角度来解释16世纪以来世界体系的历史进程。他把世界经济体分为中心——半边缘——边缘三层结构。认为世界体系的发展就是在资本积累的推动下,由西欧不断向四周扩张,在19世纪最终囊括全球,形成一个世界统一的劳动分工体系。通过不平等交换,剩余价值从边缘流向中心。因而在他看来,世界经济体实质上是"一种支配的宗主

---

①[英]杰弗里·帕克:《20世纪的西方地理政治思想》,北京,解放军出版社,1992,第169页。

②转引自王正毅:《世界体系论与中国》,北京,商务印书馆,2000,第236页。

国中心与依附的外缘地区之间的不平等关系"。① 他强调欠发达地区的现状及前景只有在整体的结构和动态中才能把握。认为这些地区的历史不是它们各国历史的拼凑,也不是与西方国家的"偶然相遇",而是近代资本主义世界体系发展的一个有机部分。

纵观沃勒斯坦对欠发达地区的发展的思考,看到他对这一问题的基本见解:

首先,他对南北经济关系前景很担忧。他认为在现代世界体系形成的过程中,中心的发达国家利用它们在这一体系中所占有的优势,剥削边缘,从而造成后者的欠发达状态。欠发达并不仅仅是缺少发展,更是缺少西方资本主义所体现出来的那种积累能力,但是欠发达地区要获得这一能力却受到世界经济体的结构限制。

其次,在中心与边缘所进行的经济联系中,由于边缘国家和地区在不平等的世界经济体中所处的不利地位,这种经济联系未能使边缘国家从中受益,但这些地区又无力改变它。

再次,只要世界体系存在,中心——半边缘——边缘的结构就不会改变,因此欠发达状态还将长期存在下去,从中受益者是中心国家。这将使它们可以用很小的代价来换取足够大的经济利益。

最后,至于改变这种状况的出路,沃勒斯坦认为只有改变推翻资本主义世界体系,从根本上改变发展的格局,建立一个真正平等的新体系,才能解决发展问题。

沃勒斯坦站在历史的高度,从世界的视野,对当代社会发展问题作了深刻的剖析,对不合理的国际秩序进行了猛烈的抨击。他对欠发达地区的关怀尤其深厚,表现出一个西方学者的良知和正义感。

(2)对资本主义世界体系的历史局限性进行了全面揭露

通过对现代世界体系理论的建构,沃勒斯坦对资本主义进行了全面、

---

① [美]斯塔夫里亚诺斯:《全球分裂》,北京,商务印书馆,1995,第17页。

彻底的剖析和批判。从经济方面来说,世界经济体的基本特征是不平等性。这种不平等性首先表现在资本主义国家内部的生产和分配是不平等的、剥削性的。特别体现在对无产阶级的边缘群体——半无产阶级的超强剥削上。半无产阶级由于有一部分收入来自于非工资收入,这样使得资本家将这部分人的工资降低到维持基本生存所需水平之下,从而为资本家提供了更多的剩余价值。

其次,国际劳动分工和交换体系中存在着更为明显的不平等和剥削。在世界市场上,中心国通过横向垄断和垂直一体化控制等手段控制产品交换和剩余分配,使商品链的流动机制发生倾斜,导致利润由边缘向中心的转移,造成了体系内的等级化和不平等性。[①] 由于世界经济体的发展极不平衡,中心和边缘之间的差距越来越大,从而出现了两极化。

从政治方面来说,作为世界经济体的政治载体的国家体系也是分等级的。这种等级性是经济体的不平等性在政治上的投射。在国家体系中,中心国家的世界资产阶级凭借其雄厚的经济实力,建立起强大的国家机器,对半边缘和边缘地区进行控制与剥削。而边缘国家则由于国家力量的有限而无法保护自己利益。在国家内部,各个阶级为了自己的利益而斗争,控制政权成为各阶级的目标,因为国家是最大限度地进行资本积累的一个关键机制。

从文化上说,现代世界体系产生之前,世界上存在众多文明,但最终只有位于世界体系中心的西方文化由于支持资本主义经济体而得到发展,其他地区的本土文化无法抵制新兴资本主义文化的扩张和渗透,因而日渐衰微。沃勒斯坦指出资本主义文化具有明显的欧洲中心主义色彩。中心国家推行的"世界文化",不过是基于西方特定社会历史背景的特殊文化,在世界经济体的扩张过程中,却被宣扬成代表"真理"、"人权"的普世主义。沃勒斯坦指出,这个普世主义不过是维护少数地区、少数人的利

---

① [美]伊曼纽尔·华勒斯坦:《历史资本主义》,北京,社会科学文献出版社,1999,第13—14页。

益的意识形态工具。

沃勒斯坦特别强调了在资本主义世界体系下,尽管物质财富比以前大大增加了,并且分享剩余价值的人也比以往增加。但是,"生活在资本主义世界经济制度中的人民中也许有多达85%的人,其生活水准明显不会高于500到1000年前的世界劳动人口"。[①] 总之,沃勒斯坦认为资本主义的出现并不是一种历史进步。

沃勒斯坦对资本主义历史局限性的揭露是建立在他对资本主义生产方式的独特理解之上的,从而使得这种批判具有深度。

(3)有力抨击了欧洲中心主义

欧洲中心主义者认为只有欧洲才开启了工业革命并实现了经济的持续增长,只有欧洲才开创了所谓的现代性、资本主义。因此,欧洲的方向就代表了世界的方向,非西方国家的现代化过程就是这些地区的西方化过程。沃勒斯坦则对所谓的"欧洲奇迹"进行了彻底的揭露,指出欧洲的发展不过是建立在对其他地区的剥削之上。他指出,将欧洲文明定于一尊显然是一种偏见。现在有越来越多的人接受"多元文明"的观点,认为人类文明有多个起源,它们对现代文明的形成都起了作用。另外,欧洲人将自己的文明起源追溯到犹太——基督教遗产,认为只有它们才有助于现代价值观的形成,这种观点也是可疑的。东亚的崛起就充分说明了儒家文化是契合于现代社会的。沃勒斯坦甚至对欧洲开创的资本主义文明成就提出质疑,认为从中长期的角度来看,资本主义的负面效果大于正面效果。如果说依附论站在欠发达国家的立场上,对西方的发展道路提出质疑,从而在反欧洲中心主义路上走出第一步的话。那么世界体系理论则在此基础上更进一步,指出西方开创的近代资本主义模式是错误。在他看来,"创立资本主义不是一种荣耀,而是一种文化上的耻辱"。[②] 这种

---

① [美]伊曼纽尔·华勒斯坦:《历史资本主义》,北京,社会科学文献出版社,1999,第78页。
② [美]伊曼纽尔·沃勒斯坦:《现代世界体系》(1卷),北京,高等教育出版社,1998,中文版序言第1页。

批判是严厉的。

(4)指出超越资本主义道路才是真正的发展道路

沃勒斯坦在对资本主义世界体系全面剖析之后,指出"资本主义文明造成了一个两极分化的世界和一个继续不断分化的世界"。[①] 在沃勒斯坦看来,发展的不平衡是内在于资本主义世界体系之中的。欠发达地区从整体上"要建立一种能够达到今天已是发达国家所达到的那种发展阶段的社会,这在现在的历史条件下是绝不可能的"。[②] 只要资本主义世界体系存在,中心——半边缘——边缘的结构就不会改变,在其中虽然有些国家的结构位置可能会改变,但整体结构不会变,剥削、不平等现象不会消失。要真正解决发展问题,唯有建立一个新的世界体系——超越资本主义的世界体系。在新世界体系中,资本积累不再存在,制造不平等的机制被消除了,沃勒斯坦认为只有在新体系中,世界才能实现真正的发展。

4.1.2 世界体系理论的片面性

沃勒斯坦在《历史资本主义》一书中指出,在资本主义根本矛盾的作用下,现代世界体系已经在经济、政治、文化等方面陷入危机。并且指出只有在一个新的平等的世界体系中,社会发展问题才能得到真正解决。但是由于他对资本主义、现代化的片面理解,而陷入一种历史虚无主义漩涡之中,新的世界体系也只能是"水中花、镜中月"。

(1)对资本主义文明的片面理解

由于缺乏辩证的眼光,沃勒斯坦对资本主义文明的理解陷入片面性,而没有看到它的历史进步性。

---

①[美]伊曼纽尔·华勒斯坦:《历史资本主义》,北京,社会科学文献出版社,1999,第 90 页。
②[巴西]特奥托尼奥·多斯桑托斯:《帝国主义与依附》,北京,社会科学文献出版社,1999,第 276—277 页。

第一，资本主义生产方式极大地释放了生产力潜能。它不仅意味着经济剥削，还意味着现代化、"世界历史"的形成等更多内容。资本主义带来了科技进步、生产率质的飞跃、物质财富的极大丰富，总之是生产力的巨大发展。"资产阶级在它的不到一百年的统治中所创造的生产力，比过去一切世代创造的全部生产力还要多，还要大"。① 在生产关系方面，它废除了封建的人身依附关系。并组织起基于专业化分工上的社会化大生产，产生了现代产权制度下的高效经济组织，形成了自由竞争的现代市场体系。资本主义在这些方面的历史进步性是不能否定的。

第二，资本主义开创了现代化，带来了政治、社会、历史文化等方面的巨大变迁。资本主义政治系统有其自身的发展逻辑，并不完全由经济决定，更不能仅从经济剥削的角度去理解。"尽管资本主义工业主义对于民族国家的兴起都具有决定性意义，但民族——国家体系却并不能化约为这二者。现代世界在形成过程中其实受到了资本主义、工业主义以及民族——国家体系的交叉影响"。② 各国的政治、经济地位并不是像沃勒斯坦所认为的那样具有绝对的一致性。例如前苏联在经济上是半边缘，但在政治、军事上却是中心，日本的情况则恰恰相反。进而，在相对独立的发展过程中，现代民主政体、现代官僚体制建立起来，并发展出管理型、服务型现代行政管理模式等，都展现了理性化的重大推进。从社会结构上看，现代化打破了等级化社会结构，造就了一种韦伯所说的"相对拉平化"的社会结构；③在文化方面，现代化推动了个性解放、自由、平等、理性、科学等现代价值观念的形成。而这些在沃勒斯坦的体系中都没有位置，他将现代文化的全部内涵概括为普遍主义、种族主义和特殊主义掩盖真相的意识形态，显然过于简单化、绝对化了。

第三，资本主义开创了"世界历史"，将世界联接成一个相互影响、相

①《马克思恩格斯选集》（1卷），北京，人民出版社，1995，第277页。
②［英］安东尼·吉登斯：《民族——国家与暴力》，上海，三联书店，1998，第5页。
③参见安然：《论沃勒斯坦的现代化思想》，《史学月刊》，2006，第2期。

互依赖的整体,从而消灭了各个民族的孤立状态,具有历史进步性。马克思就明确指出,以工业大生产为基础,资本主义"首次开创了世界历史,因为它使每个文明国家以及这些国家中的每一个人的需要的满足都依赖于整个世界,因为它消灭了以往自然形成的各国的闭关自守的状态"。①"大工业便把世界各国人民互相联系起来,把所有地方性的小市场联合成为一个世界市场,到处为文明和进步作好了准备",②并且在此基础上,马克思进一步提出了人类解放思想。在马克思看来,尽管资本主义开创了世界历史,但是世界历史的进一步发展并不属于资本主义,它只是为无产阶级的解放准备了条件。在世界历史形成的初期,封闭的个人和民族虽然获得了一定的解放,但并没有获得真正的解放,人的发展受到了异己的"世界市场力量的支配"。因此,世界历史必须进一步深化。只有打破资本主义市场的束缚,推翻资本主义社会,才能获得彻底的解放。因此,在马克思看来,世界历史是实现共产主义的必经之路,资本主义开创的世界历史却为共产主义的实现提供了物质基础和精神条件。在这个意义上,马克思对资本主义文明给予了肯定。

而沃勒斯坦却走向极端,对资本主义世界体系持彻底否定态度,"历史资本主义远不像其辩护士所说的那样是一个'自然'体系,而是一个明显荒谬的体系"。③ 他没有看到资本主义的相对历史进步性,更没有看到现代世界体系为进入未来社会准备了条件。他以为只要现代世界体系转型了,不需要任何历史基础,未来理想社会就可以自动建立起来。他也没有看到无产阶级是资本主义社会的掘墓人、未来社会的建立者,而是把希望寄托在绿色运动、反种族主义支持者、反性别主义支持者身上。归根结底,他缺乏一套科学的社会历史理论。

①《马克思恩格斯选集》(1卷),北京,人民出版社,1995,第114页。
②《马克思恩格斯选集》(1卷),北京,人民出版社,1995,第234页。
③[美]伊曼纽尔·华勒斯坦:《历史资本主义》,北京,社会科学文献出版社,1999,第20页。

(2)历史虚无主义

由于沃勒斯坦缺乏辩证的方法,致使他对现代化、资本主义的认识显得狭隘、极端;坚持非进步论更使他在重建世界体系的努力中陷入困境,走进历史虚无主义的误区。

关于世界体系的未来,沃勒斯坦秉承了左派理论的传统,提出了要用"社会主义世界政府"取代当前的资本主义世界体系。不过,他断然否定了现存社会主义政权。在他看来,社会主义不可能在几个国家建成,在整个资本主义世界体系转型之前,不可能存在单个社会主义国家。在沃勒斯坦看来,这些所谓的社会主义国家政权不过是资本主义形态的变体。它们只起到维持当前体系的内部平衡的作用。沃勒斯坦认为,自 19 世纪起,自由主义就成为资本主义世界体系的主流意识形态,而社会主义、保守主义不过是自由主义的变种而已。[①] 苏东剧变并非社会主义的失败,而是自由主义的塌陷,它意味着建立新的世界体系的时机已经到来。就社会经济形态而言,沃勒斯坦认为,新体系只是"一个急剧缩小所有人之间物质生活差距和实际权力鸿沟的世界秩序"。[②] 这个社会是为使用价值而不是为利润而生产。至于它是如何运行的,如何协调全球生产、分配,如何处理各种冲突、解决生产动力等问题,沃勒斯坦并没有解说。

同马克思一样,沃勒斯坦认为资本主义体系包含着自身不可克服的矛盾,不过他并不认为私有制与社会化大生产之间的矛盾是资本主义社会的基本矛盾,而是认为世界体系的矛盾由资本积累引起。在每一次经济周期中,世界体系并没有解决自身的矛盾,而是通过扩张将矛盾推到一个更大的范围。最终,当资本积累达到极限时,现代世界体系就会解体。

在重建未来体系途径的问题上,沃勒斯坦否定了通过革命和阶级斗争的手段来创造新体系,他认为先前的社会主义运动只是以掌握政权为

---

①[美]参见伊曼纽尔·华勒斯坦等:《自由主义的终结》,北京,社会科学文献出版社,2002,第 71—90 页。

②[美]伊曼纽尔·华勒斯坦:《历史资本主义》,北京,社会科学文献出版社,1999,第 56 页。

目标,并没有对世界体系造成多大的影响,反而强化了世界体系的结构;沃勒斯坦也否认依附论的脱钩战略,因为在现存资本主义体系中,作为结构中一极的边缘已与整个体系息息相关,边缘的经济、社会已成为整个商品链的有机部分,单独建立一个自足的体系不可行。于是他期待旧体系的自行瓦解,他判断世界体系正处在转型过程之中,号召人们起来凭借理性、良心勇敢地作出选择,建立一个新体系。由于沃勒斯坦并不注重对生产关系的分析,因而看不到代表先进生产力的无产阶级的历史作用,只好把希望寄托在体系的"边缘人",如城市边缘的无业者,寄希望于不追求政权的各种社会运动,如种族运动、绿色运动、妇女运动。为了避免特殊利益集团的形成,人们不应积极行动,只要坐等旧体系在危机中自行瓦解,于不确定中听凭历史自己去选择。但是实际上,世界革命并没有发生,资本主义世界体系的生命力不但没有耗尽,反而进入了一个更深层次的全球化阶段。

沃勒斯坦只是将资本积累看作是现代世界体系的动力和矛盾的源泉,而没有看到资本本性决定了资本扩张、资本积累及其限度。在马克思那里,资本是解开资本主义社会秘密的一把钥匙。经济学家把资本理解为单纯的物,把资本的增值理解为物的自然属性。针对这种错误,马克思指出:"资本显然是关系,而且只能是生产关系。"①资本是生产关系,它的存在就不可能是永恒的。资本的私人占有和社会化大生产之间的矛盾,敲响了资本主义社会的丧钟。

由于沃勒斯坦缺乏一套严谨、科学的历史理论,无法透过资本主义世界体系表面现象,深入本质进行分析,无法看到资本主义生产方式的真正内在矛盾,以及由此决定了的"资本生产力"的发展极限。所以他只好寄希望于现代世界体系的自行解体。即使资本主义体系能够自行解体,未来的新体系是否一定能够随之而产生,如何产生,如何保证它一定是"平

---

① 《马克思恩格斯全集》(46卷上),北京,人民出版社,1979,第212页。

等的"、"民主的"？对于这些问题，沃勒斯坦是难以回答的。由于对资本主义世界体系的极端厌恶，沃勒斯坦认为新的世界体系可以不与它发生任何关系而凭空建立起来，这分明是陷入历史虚无主义误区了。

4.2 评"流通主义的资本主义"分析方法

现代化理论主要探讨的是落后国家如何才能获得发展，沃勒斯坦的世界体系理论则从欠发达地区的角度讨论了为什么落后国家没有实现社会发展。沃勒斯坦同依附论者都认为国际上的发达与不发达是"资本主义发展同一历史过程的产物"，将资本主义制度作为影响发展的主要障碍而加以批判。特别是沃勒斯坦将现代世界体系的建立和发展等同于资本主义的创立和发展，沃勒斯坦认为，现代世界体系的性质是资本主义的，它为了市场交换而进行生产。在他看来，世界经济体、世界市场、资本主义是三位一体。"资本主义和世界经济体系（即单一的劳动分工以及多元政治和文化）是两个相对应的共生事物，就像硬币的正反面一样，两者之间无因果关系"。①正是因为沃勒斯坦重视市场交换的作用，坚持从流通领域来分析资本主义，所以他的资本主义分析方法被称之为"流通主义的资本主义"。

但是，沃勒斯坦只是将资本主义看成是一个受"中心"资本积累诸因素所制约的"世界体系"，而没有具体分析这些因素及其发展变化，从而在论述资本主义对外围影响时并没有对这个"剥削体系"加以具体的说明。沃勒斯坦并没有对资本主义生产方式做具体的分析，更没有对欠发达地区自身内部的生产力、生产关系、经济结构、政治文化影响做分析。因而，我们认为沃勒斯坦对当代社会发展问题只作出了一个有限的解释。之所

① ［美］伊曼纽尔·沃勒斯坦：《沃勒斯坦精粹》，南京，南京大学出版社，2003，第99页。

以出现这种情况,主要是他对资本主义作了一种片面的界定,即坚持"流通主义的资本主义",而非从生产领域着手、从生产方式的角度来理解资本主义。本节主要考察"流通主义的资本主义"的起源,指出这种分析方法的局限性,并与马克思坚持从生产方式考察资本主义作一个对比。

4.2.1 "流通主义的资本主义"方法源流

坚持"流通主义的资本主义"并不是沃勒斯坦的一个创新,而是二战后西方新马克思主义的一个理论传统,这也是新马克思主义与经典马克思主义的重要区别之一。通过作谱系学的考察,我们可以看到世界体系分析方法的渊源。

其实,应该从流通领域还是从生产领域来考察资本主义的争论,并不是一个新问题,早在 20 世纪 50 年代,莫里斯·多布(Maurice Dobb)和斯威奇(Paul Sweezy)就西欧由封建主义向资本主义过渡争论过此问题。斯威奇把贸易的兴起视为资本主义兴起的"原动力",多布则认为封建主义生产方式的矛盾是导致过渡的主要原因。[①] 而卢森堡则以"消费不足理论"最早提出此问题。

卢森堡在其《资本积累论》中,指出马克思对扩大再生产的分析有问题,"这种立足在资本主义生产的自足性和孤立性上的见解,我们认为不能解决剩余价值的实现问题"。[②] 因为在封闭的资本主义体系中,两大部类之间的交换,无法解决用于扩大再生产的剩余价值的实现问题。资本家作为一个阶级只能消费剩余价值的一部分,工人阶级不管其生活水平的高低,他们消费的那部分也不可能用于扩大再生产。而资本主义生产每一天都以扩大再生产的方式进行着,这就意味着这部分剩余价值的实

---

①[英]M.C.霍华德、J.E.金著:《马克思主义经济学史 1929—1990》,北京,中央编译出版社,2003,第 206 页。

②[德]卢森堡:《资本积累论》,北京,三联书店,1959,第 279 页。

现必须在资本主义社会之外的环境里进行。卢森堡的结论是："马克思似乎一直是从一个错误的方向着手研究这一问题。"①卢森堡认为问题的症结在于它设定了一个封闭的资本主义社会,即把资本家和工人作为社会消费的惟一主体,以此来说明资本积累的过程。从这个缝隙里卢森堡看到整个《资本论》的结构性问题:"我们在《资本论》全部三卷中看出,马克思的分析的理论前提,是假定资本主义生产方式占着普遍而惟一的统治地位。在这样的条件下,图式中当然看不到资本家及工人以外的阶级存在……这个前提,乃是理论上的权益之计。现实上,从来没有过那样在资本主义生产方式惟一支配下的自给自足的资本主义社会。"②为了补救马克思的扩大再生产图式的缺陷,卢森堡认为,剩余价值的实现必须假定一个"第三者",即资本家和工人之外的消费者的存在。同样,积累的第二个前提,即资本家必须获得扩大再生产所必需的物质要素也必须从外部获得。因此,"从剩余价值的实现及不变资本物质要素的取得两方面看,国际贸易一开始就是资本主义历史存在的首要条件",而国际贸易是"资本主义生产形态与非资本主义生产形态之间的贸易"。③因此,非资本主义成分的存在是维持资本主义正常运转的不可缺少的部分。正因为如此,一个广大的非资本主义世界构成了"资本积累的历史环境"。为此,资本主义世界的军事征服、政治统治、经济压榨是必不可少的,所以在卢森堡看来,帝国主义不是资本主义发展到一定阶段的产物,而是与资本主义永远相伴的特征。

在《资本论》中,马克思对资本积累作过详细的分析。一般说来,马克思认为资本积累分两步走,首先是原始积累,即通过殖民掠夺或圈地运动,积累财富,为后来的资本主义发展准备了条件。其次,在原始积累之后,就进入到以雇佣劳动关系为特征的典型的资本积累。它主要是通过

①［德］卢森堡:《资本积累论》,北京,三联书店,1959,第118页。
②［德］卢森堡:《资本积累论》,北京,三联书店,1959,第273页。
③［德］卢森堡《资本积累论》,北京,三联书店,1959,第289—290页。

剥削雇佣劳动者创造的剩余价值实现资本积累的。这样做是为了摆脱循环论证,"但是,资本积累以剩余价值为前提,剩余价值以资本主义生产方式为前提,而资本主义生产又以商品生产者握有较大量的资本和劳动力为前提。因此,这整个运动好像是在一个恶性循环中兜圈子,要脱出这个循环,就只有假定在资本主义积累之前有一种'原始'积累(亚当·斯密称为'预先积累'),这种积累不是资本主义生产方式的结果,而是它的起点"。① 这就是说,"原始积累"只是构成资本主义积累起点、但本身不是典型的资本主义积累。马克思主要是以英国农民为例说明了生产者与生产资料的分离过程,同时也强调了欧洲资本对殖民地的掠夺。在马克思看来,这些过程只是为了说明资本的发生史,以及资本在世界上最初出现时所发生的情况,"原始积累"完成了以后,就可以回到典型的资本主义积累了。

在马克思主义思想史上,卢森堡是第一个指出资本主义积累始终是与"原始积累"共存的:"我们已经看到资本主义在它十分成熟时期,依然在一切方面依存于与它并存的非资本主义的阶层和非资本主义的社会结构。"一个广大的非资本主义世界构成"资本积累的历史环境",而这个非资本主义世界必然不会心甘情愿地充当这样的"历史环境",因此,对它们的军事征服和政治统治也就是资本积累题中的应有之义。在帝国主义问题上,卢森堡和列宁、希法亭的阶段论不同,"作为一个历史过程来看,资本的积累不仅在它诞生时,而且直至今日,都使用暴力作为一个永久的武器"。② 卢森堡指出,帝国主义不是资本主义的一个特殊的发展阶段(哪怕是最高阶段),而是在任何时候都与资本主义不可分割的连体怪胎。在一定程度上,弗兰克、阿明和沃勒斯坦都受到卢森堡关于资本积累的理论的影响。就连不是马克思主义者的布罗代尔也认为,"资本主义只是在其他生产方式的簇拥下,并牺牲其他生产方式,才能生存。罗莎·卢森堡在

①《马克思恩格斯全集》(23卷),北京,人民出版社,1972,第781页。
②[德]卢森堡:《资本积累论》,北京,三联书店,1959,第293页。

这方面的看法是正确的"。①

保罗·巴兰(Paul Baran)和斯威奇(Paul Sweezy)不仅继承了卢森堡的消费不足理论,将非资本主义世界纳入到资本主义生产方式中,认为这些地区是资本主义世界不可分割的部分,而且将关注点转移到欠发达地区。在斯威奇于1942年发表的《资本主义发展论》以及巴兰于1957年发表的《增长的政治经济学》等著作中,一个全面的不发达理论第一次得到了全面的系统的阐述。巴兰是经典马克思主义向战后新马克思主义转变的标志性人物。巴兰认为经济的增长是剩余的大小及其对它利用的结果。把剩余用于生产性投资,经济就会增长。剩余积累得越多,增长得越快。如果经济出现停滞,要么是因为剩余不足以用来扩大生产力;要么是剩余虽然多,但是没有被用于生产。这样,中心与外围的分化就取决于世界剩余价值在不同地区的分配,以及它们被使用的方式。

根据巴兰的考察,世界的分化始于16世纪,那时,西欧开始其殖民扩张和原始积累。除了国内的剩余外,欧洲以外的剩余也被不断地用于本国的生产。这样欧洲出现了快速的社会发展,而非洲、美洲及亚洲的经济被殖民主义者重构,社会发展也就遭到破坏。西欧在近代历史开端时所拥有的最初优势,就成了永久的优势,世界从此分裂为两个世界。

巴兰、斯威奇的主要思想被弗兰克、沃勒斯坦所继承。在20世纪60年代,弗兰克的《拉丁美洲的资本主义和欠发达》一书就是运用巴兰思想来研究拉丁美洲的一个典范。

在弗兰克之前的思想界使用"封建主义"对拉丁美洲的社会状况作出解释,认为15世纪末以来,西方殖民主义者把拉美变为一个封建的堡垒,主要从事农业生产。只有一小部分的都市才是资本主义的,发展了工业、商业,这样,拉美就是一个二元社会了。弗兰克认为这种解释是错误的,现代拉丁美洲是西方资本主义在全球扩张的产物,在近500年的历史中

---

① [法]布罗代尔:《15至18世纪的物质文明、经济和资本主义》(3卷),北京,三联书店,1993,第54页。

始终是资本主义体系内的一部分,中心地区的发展与边缘的欠发达是同一过程的产物。拉丁美洲的欠发达绝不是封建主义影响的结果,而是以特殊方式参与资本主义体系的结果。

面对这种情况,和卢森堡一样,弗兰克感到有必要对原始积累这个概念作进一步的区分和界定。弗兰克认为,所谓的原始积累不仅是指在时间上先于或早于资本主义生产方式,相反,它可以而且确实与资本主义的资本积累同时存在。这就是说,原始积累,就其为建立在非资本主义生产关系基础上的积累而言,并不是一个时间性范畴,而是一种性质不同的初级积累。[①] 在历史资本主义的各个发展阶段,这种初级积累不仅为资本主义的资本积累做出了重大的贡献,而且在雇佣劳动和相对剩余价值占据主导地位的"纯粹"资本主义阶段,它也始终在积累过程中占有一席之地,故有人称之为永久性的原始积累。更为重要的是,面对拉克劳、布伦纳等人来自"生产范式"的批判,弗兰克认为应该适当地修正关于资本主义的定义,以便正确说明不同性质的积累和不同的生产方式在同一个世界规模的资本主义体系中的作用和地位。他用交换关系来定义资本主义,在他看来,当生产的目的是为了市场交换而非直接使用时,这样的经济活动就是资本主义性质了。这样在卢森堡那里,处于资本主义生产之外但又是必不可少的"第三者"也成为资本主义的一部分了。并且弗兰克还认为,所有的市场都是唯一的世界市场的组成部分,因而在其中的所有生产活动都是世界劳动分工的一部分。不同的"劳动控制方式"都是资本家在特定历史环境下的理性选择,都是利润最大化的产物。所以在弗兰克看来,西欧的雇佣制、拉美的农奴制都是资本主义,而不是卢森堡所认为的资本主义的存在必须依赖于广大的非资本主义社会的存在。这是他们之间的重大差别。这里的关键在于,弗兰克认为雇佣劳动本身并不是是否存在资本主义生产的唯一标准,因为雇佣劳动完全可以在与资本积

① A. G. Frank, *World Accumulation*: 1492—1789, London, The MaCmillan Press, 1978, p. 241.

累无关的情况下存在。"生产关系之所以重要,是因为凡是被纳入资本积累过程的生产关系、流通和实现的过程都发生了彻底的转化或改造;换言之,不同的生产方式和流通实现过程被纳入资本积累过程才是资本主义是否存在的真正标准……但在历史实践中,纳入资本积累的世界过程和生产关系的改造往往是同时发生的,尽管现存生产关系的转化并不必然意味着在所有的地方都采用雇佣劳动制度"。[1]

弗兰克的这一观点也被沃勒斯坦所接受,他认为"资本主义是一种生产方式,一种为了在市场中获利而进行的生产"。[2]并且他的世界体系理论将原来限于拉美的不发达问题拓展至世界。他将弗兰克的"中心——卫星链条说"修改为"中心——半边缘——边缘"这样一个三层结构,使得先前的僵化结构具有灵活性。沃勒斯坦认为资本主义世界体系自 16 世纪诞生起就处在等级结构之中,在其中存在着普遍的相互依赖的关系。世界范围的资本积累是维持其存在的主要活动。资本主义生产方式以"市场导向的生产"而非生产关系来定义。

至此,"流通主义的资本主义"分析方法已经完成。各个国家自身的生产关系性质并不重要,不同的劳动控制方式是不同条件下利润最大化的结果。在其中,只要是通过市场,所有参与到这个世界经济体中的所有地区都是资本主义国际分工体系中的一份子,都服从资本积累的需要,都具有资本主义性质了。在沃勒斯坦看来,欠发达地区在融入世界经济体之前以及之后的生产关系(他称之为劳动控制方式)对于自身发展并不是很重要的,关键是世界范围内的资本积累决定了它的发展状况。这样,这些地区自身内部状况倒不是影响发展的因素,外部环境成为第一重要的。

---

①A. G. Frank, *World Accumulation*:1492—1789,London,The MaCmillan Press,1978,pp. 250—251.

②[美]伊曼纽尔·沃勒斯坦:《沃勒斯坦精粹》,南京,南京大学出版社,2003,第 109 页。

4.2.2 方法导致的局限性

沃勒斯坦对资本主义的考察是从流通领域而非生产领域入手的,认为资本主义不同于其他历史体系的地方在于它是为市场而进行的生产。所以沃勒斯坦特别强调市场流通的作用,认为所有的市场都是唯一的世界资本主义市场的组成部分,因而其中的所有生产活动都具有资本主义性质。雇佣劳动本身并不是判断资本主义生产的标准,在他看来,雇佣劳动完全可以在与资本积累无关的情况下存在。"世界体系论在沃勒斯坦和布罗代尔那里已被用来解释资本主义生产方式的全部历史"。[①] 对于沃勒斯坦来说,资本主义的发展过程就是现代世界体系兴起、扩张过程。因此,在沃勒斯坦那里,对资本主义的分析重点在于世界市场,在于世界范围内的交换关系,而对一个国家内部的生产状况、社会结构分析倒不重要了。由于坚持这种"流通主义的资本主义",导致他的理论在一些重大问题上缺乏解释力甚至得出错误的观点。

首先,不能对历史上拉美的欠发达、北美的发达现象给出一个令人信服的解释。为什么当初同为殖民地,到最后却处于不同的发展状态呢。沃勒斯坦强调沦为殖民地后,拉美的"外向型"经济的影响导致了欠发达。他强调殖民者把拉美改成无数个种植园,采用奴隶制,种植蔗糖、烟草以满足欧洲的需要。或者发展采矿业,出口白银。无疑,这些因素都深深地影响了拉美的发展,但这不是导致拉美欠发达的最主要原因,我们认为内外因一起作用才导致了它的欠发达。只有坚持从生产方式入手分析,才能得出正确的结论。毫无疑问,16世纪欧洲殖民者打破了北美和拉美原初的社会经济结构。在北美,印地安人的民族生产方式被完全毁灭,因而能够将欧洲的资本主义生产方式完整地移植过来。但在拉美,情况则不

---

①俞可平、黄卫平主编:《全球化的悖论》,北京,中央编译出版社,1998,第271页。

同,西班牙殖民者为了垄断贵金属资源,需要大量的劳动力,因而把具有封建色彩的"大授地制"移植到西属拉美。所谓"大授地制"就是国家通过契约把土地授予殖民者个人,并管理土地上的印地安人,只是要求这些殖民者为国家尽义务。这些大授地领主就利用手中的特权,采用奴隶制来组织拉美经济生产。这种生产方式影响着拉美随后的经济发展,使其在后来的资本国际积累冲击下,不能作出典型的资本主义发展逻辑的正常反应,而逐步进入欠发达状态。① 拉美的欠发达最初是外因(殖民侵略)与内因(前资本主义生产方式)交互作用,形成新的生产方式,从而形成新的内因,才导致了它的欠发达。拉美一直保持着较强的前资本主义生产方式,这是欠发达的主要原因,而沃勒斯坦只是强调拉美与世界市场的联系,这是不全面的。

其次,不能对当前世界社会发展中的新现象作出合理解释。20 世纪70 年代以后,随着跨国公司的大发展,资本主义生产过程扩展到许多不发达国家。不少不发达国家技术进步的动力逐渐加大,对外贸易增长迅速,实现了社会、经济的持续发展。但是沃勒斯坦的理论对此难以解释,在他看来,一个国家在中心——半边缘——边缘这样一个结构中的位置就决定了它的发展状况。在世界市场上,通过不平等交换这种方式,实现剩余从边缘向中心的转移。在世界体系内,中心与边缘之间是一场零和博弈,社会发展的结果必然就是两极分化,发达与欠发达是一个钱币的两面。按他的逻辑,与外部市场过于紧密的联系对欠发达国家不利。然而沃勒斯坦只是将资本主义含混地看成是一个受"中心"资本积累诸因素所制约的"世界体系",而没有具体分析这些因素及其发展变化,从而在论述资本主义对边缘影响时并没有对这个"剥削体系"加以具体的说明。正因为如此,使它不能令人信服地解释 20 世纪 70、80 年代以来欠发达国家的发展,也不能解释当代全球化所致的许多新现象。并且这种解释模式进

---

① 参见曹远征:《世界性的发达不发达:一种政治经济学分析》,《管理世界》,1987,第 5 期。

一步堕入了新的僵化之中。正是这一空隙和弱点，使这一理论常常为极端民族主义所利用，在政治上，以激烈的言论抹煞社会的阶级性，掩盖其生产方式的实质。

再次，沃勒斯坦的理论导致他否认事实，不承认当代社会主义国家。在沃勒斯坦看来，由于现代世界体系就是资本主义，在整个体系转型之前不可能有其他性质的国家。这使得他否认现今社会主义国家。他这种观点是完全错误的。这个错误的关键在于沃勒斯坦坚持"流通主义的资本主义"的分析方法，以为当今世界市场是资本主义发达国家主导，所有参与其中的经济体都是资本主义性质了。我们认为社会主义国家的存在是一个不可否认的事实，以中国为代表的一些社会主义国家破除僵化思想束缚，锐意改革，在社会发展中取得巨大成就，赢得世界的尊重，从而开创了世界社会主义运动的新局面。并且我们认为世界市场并不具有姓"资"姓"社"的意义，它既可被资本主义国家所用，也可为社会主义所用。

最后，沃勒斯坦的世界体系理论对欠发达现象作了一个有限的解释。按照沃勒斯坦的逻辑，一个国家在中心——半边缘——边缘这样一个结构中的位置就决定了它的发展状况。落后地区的这种欠发达状况，并不是由于传统社会模式的影响，而是由于处于边缘这样一种位置，被结构中的另一极剥削的结果。西方国家演变为资本主义强国，不仅是榨取本国劳动阶级的剩余价值，更是重构落后国家的经济、剥削这些国家的结果。由中心、半边缘和边缘组成一个功能性整体，在其中，中心担当了全球性的统治阶级，而边缘则扮演国际被剥削阶级的角色。在世界市场上，通过不平等交换这种方式，实现剩余从边缘向中心的转移。但是，第三世界的欠发达和世界发展的不平衡是一个非常复杂的现象，沃勒斯坦只是强调世界体系的不平等性、不合理性，这只是作了一种有限的解释。他无法深入具体国家内部进行详细分析，这是他的理论的一个重大不足。我们认为任何现象都是内外因共同作用的结果，欠发达国家最初受到外因的影响很大，但这种外因与欠发达国家的实际相结合，形成新的内因，并且对

沃勒斯坦世界体系理论研究

欠发达状态产生重大影响。我们认为,只有坚持从生产方式入手,内外因结合,全面分析,才能得出正确结论。

世界体系理论以市场交换为基础,注重对流通领域的分析,但过于强调了剩余产品从边缘向中心的转移,过高估计了世界经济中流通对生产的反作用,而忽视了生产决定流通这一基本前提。剩余产品从一个地区转移到另一个地区仅是一种交换行为,它固然存在着剥削问题,但不能说明贫困和富有的根源,进而难以说明发达和不发达的实质所在。发达和不发达的实质在于生产的性质而不在于产品的运动。

4.2.3 马克思论作为生产方式的资本主义

由于沃勒斯坦坚持"流通主义的资本主义"分析方法,从世界体系的角度来看待资本主义。这必然导致他从世界空间结构来分析社会发展,重视外部环境对民族国家的影响。但是我们认为这固然重要,但只能对社会发展问题作出有限的解释。民族国家自身的社会结构、生产关系非常重要。马克思就强调要内外因结合来考察社会发展、特别是东方社会发展的重要性。由于这里涉及的问题太多,在这只能介绍马克思分析资本主义社会的方法——为什么对资本主义生产方式的考察很重要。以此与沃勒斯坦的"流通主义的资本主义"作对比,以显示世界体系理论的不足。

在马克思那里,生产方式是制约整个社会经济生活、政治生活和精神生活的决定性因素,一定的社会生产方式是一定社会的最隐蔽的基础。在马克思的理论中,生产方式是特定历史条件下人类运用生产资料进行生产的方式。从其内容上来讲,生产方式是人类进行生产的基本条件,它包括生产的技术条件(生产过程的技术水平)和社会条件(生产过程的社会结合与组织形式)。生产方式具有客观性,在任何社会形态下,生产方式都不是人们主观地规定和人为地选择的,而是由一定的社会生产力水平所决定的。生产方式具有历史性,它总是与经济、社会的一定历史阶段相联系,因而都是一定历史阶段的特殊的生产方式。

在马克思看来,资本主义作为一种"社会经济形态",其决定的因素和标志正是"资本主义生产方式",而这种生产方式所遵循的运行规律是"资本"运行的规律。他的这一观点,充分体现在如下各论断中:(1)"资本只有一种生活本能,这就是增殖自身";①(2)"资本主义生产方式的存在即资本的存在";②(3)"大体说来,亚细亚的、古代的、封建的和现代资产阶级的生产方式可以看作是经济的社会形态演进的几个时代"。③ 从中不难看出,在马克思本人的思想中,资本主义的"社会经济形态"、"资本主义生产方式"和"资本"三位一体,有着不可分割的内在联系。正因为如此,在《资本论》第一版序言中,马克思就为自己确定任务:"我要在本书研究的,是资本主义生产方式以及和它相适应的生产关系和交换关系。"④

那么,什么是资本? 通过研究,马克思得出了一个不同于前人的结论:资本不是物,而是一种关系。马克思对"资本"的深刻认识,可以从以下几方面得到说明:首先,他指出了资本的流通(G—W—G')不同于简单商品流通(W—G—W)。后者只是为了占有使用价值,是为买而卖。而前者则是使资本增殖。其次,他还发现,资本必须在流通中并通过流通才能保存自己。因为在流通之外商品所有者只能同自己的商品发生关系,而商品生产者可以用自己的劳动去创造价值,却又不能同时创造出超过商品价值的余额。因此,作为资本的货币,为了在流通中使自己永存,就必须在流通中购买到一种特殊商品,其特殊性就在于它的使用价值本身就成为价值的源泉。马克思最终找到了这种具有特殊属性的商品,它就是资本家用"工资"购买的工人的劳动力。这种表面"公平"的交易实际上

---

①马克思:《资本论》(1卷),北京,人民出版社,2004,第269页。

②马克思:《剩余价值理论》(3卷),北京,人民出版社,1975,第463页。

③《马克思恩格斯选集》(2卷),北京,人民出版社,1995,第33页。

④马克思:《资本论》(1卷),北京,人民出版社,2004,第8页。

是不平等的：他的劳动所创造的价值，在量上远远超过了资本家原先垫付的价值（工资）。

马克思考察了整个资本的流通过程，即资本与劳动之间的交换过程，发现它实际上包括了两个不仅在形式上而且在性质上不同的过程：首先是资本家以工资购买工人劳动力的过程，买卖双方完全是在简单流通领域进行的；其次是消费劳动力、创造剩余价值的过程，它却是在生产领域中发生的。他指出，劳动在生产过程表现出二重性：一方面，作为具体劳动，它创造使用价值，在改变原料存在形式的同时，转移生产资料的旧价值；另一方面，作为抽象劳动，不仅补偿劳动力自身的价值，而且创造了新的价值。通过资本主义生产过程，资本家无偿地得到了两样东西：其一是得到了劳动者活劳动的质，它使物化在资本的各组成部分的旧价值得以保存；其二是得到了超过维持工人生存需要的剩余劳动，正是它创造了资本家梦想的剩余价值。总之，马克思认为，资本的存在和衍生都离不开雇佣劳动。

马克思认为雇佣劳动对资本主义生产方式具有重要意义，"地产向雇佣劳动的转化不仅是辩证的转化，而且也是历史的转化，因为现代地产的最后产物就是雇佣劳动的普遍建立，而这种雇佣劳动就是这一堆讨厌的东西的基础"。① 从中不难看出，马克思认为"资本"是整个资本主义经济学的"核心"，"雇佣劳动"则是它的"基础"。这表明了雇佣劳动对于资本及整个资本主义的重要性。

在 1861—1863 年《经济学手稿》中，马克思这样描述"资本主义生产"："资本主义的生产是这样一种社会生产方式，这种生产方式下，生产过程从属于资本，或者说，这种生产方式以资本和雇佣劳动的关系为基础，而且这种关系是起决定作用的、占支配地位的生产方式。"② 这段概括性的表述有着非常丰富的内涵：首先，马克思认为，与一切前资本主义生

①马克思、恩格斯：《〈资本论〉书信集》，北京，人民出版社，1976，第131页。
②《马克思恩格斯全集》(47卷)，北京，人民出版社，1979，第151页。

产不一样,资本主义生产的目的就是"剩余价值的生产",而在此之前的一切形式的生产都还主要是使用价值的生产;其次,为此,必须使生产建立在"资本和雇佣劳动的关系"的基础上,否则不能从劳动者那里获得"剩余劳动"及其创造的剩余价值,因为只有这种自由劳动形式才能把劳动力作为"商品"来加以使用;再次,这种生产方式的最终形式,又必须以劳动者与劳动条件(主要是土地)的分离为前提,因为"只有当劳动条件以(资本)这种形式同劳动对立的时候,劳动才是雇佣劳动"。① 总而言之,马克思告诉我们,资本主义生产的"直接目的和决定动机"是剩余价值的生产,对它的考察,必须从流通领域转到生产领域,即不是简单地从商品同商品的交换中,而是从劳动条件的所有者和工人之间在生产范围内进行的交换中,引出剩余价值。因此,马克思说:"可见,资本显然是关系,而且只能是生产关系。"②

世界市场的形成和扩张并没有改变资本的性质和它的基本运作形式。在马克思看来,世界市场的形成和扩张过程,是资本主义生产方式从国内上升到国际、从国内市场上升到国外市场的过程。资本的本性就是最大限度地获取剩余价值,它必然会突破民族、国家、地域的限制。所以马克思说"创造世界市场的趋势已经直接包含在资本的概念本身中"。③ "资本一方面要力求摧毁交往即交换的一切地方限制,夺得整个地球作为它的市场,另一方面,它又力求用时间去消灭空间,就是说,把商品从一个地方转移到另一个地方所花费的时间缩减到最低限度。资本越发展,从而资本借以流通的市场,构成资本空间流通道路的市场越扩大,资本同时也就越是力求在空间上更加扩大市场,力求用时间去更多地消灭空间"。④ 在资本扩张的本性驱动下,作为人格化的资本的资产阶级,"奔走

①马克思:《剩余价值理论》(3卷),北京,人民出版社,1975,第533页。
②《马克思恩格斯全集》(46卷上),北京,人民出版社,1979,第518页。
③《马克思恩格斯全集》(46卷上),北京,人民出版社,1979,第391页。
④《马克思恩格斯全集》(46卷下),北京,人民出版社,1980,第33页。

于全球各地,到处落户,到处开发,到处建立联系"。① "资产阶级社会的真实任务是建立世界市场……和以这种市场为基础的生产"。② 在世界市场,仍然遵循资本的基本运作规则。

世界市场的形成和扩张,对资本主义的历史进程产生了重要影响。一方面,它为资本主义的存在和发展提供了一个基础,"对外贸易的扩大,虽然在资本主义生产方式的幼年时期是这种生产方式的基础,但在资本主义生产方式的发展中,由于这种生产方式的内在必然性,由于这种生产方式要求不断扩大市场,它成为这种生产方式本身的产物"。③ 世界市场的形成,使得生产资源可以在世界范围内得到配置,资本主义生产力得到迅速发展。

但是另一方面,世界市场的发展加深了资本主义的内在矛盾,为最终进入共产主义准备了条件。世界市场的形成和发展并未改变资本主义社会的基本矛盾,只是将资本主义的国内矛盾国际化。资本主义尽管一直在调整生产关系,但都只是一些形式上的变化,并未改变资本的根本性质。资本由国内走向世界的同时,把国内矛盾扩展到国外,把商品经济的生产规律、资本积累规律等也带到世界市场。价值规律在世界市场上发挥主要作用,从形式上看,各国之间的经济交往是平等的、自由的,但事实上却是不平等的。国际间的竞争形成国际生产价格,它围绕着国际价值波动。发达国家的产品的成本低于国际价值,而发展中国家的产品的成本高于国际价值,使得发达国家可以用较少的劳动交换到发展中国家的较多劳动,从而攫取发展中国家的一部分剩余。从现实上看,这是发达国家与发展中国家之间生产力差距造成的,在抽象层次上是以获取剩余价值为目的的资本生产造成的。以资本为主体的世界市场的扩张,是资本和劳动之间的不平等关系向世界范围的扩张。"如果说资本主义生产方

---

①《马克思恩格斯选集》(1卷),北京,人民出版社,1995,第276页。
②《马克思恩格斯全集》(29卷上),北京,人民出版社,1972,第348页。
③马克思:《资本论》(3卷),北京,人民出版社,2004,第264页。

式是发展物质生产力并且创造同这种生产力相适应的世界市场的历史手段,那么,这种生产方式同时也是它的这个历史任务和同它相适应的社会生产关系之间的经常的矛盾"。① 通过世界市场,资本主义私有制与社会化大生产之间的矛盾成为一个世界范围的矛盾。"因为一般说来,世界市场是资本主义生产方式的基础和生活环境。但资本主义生产的这些比较具体的形式,只有在理解了资本的一般性质以后,才能得到全面的说明"。② 总之,马克思在深入分析"资本一般"的基础上科学地揭示了资本主义世界市场的基本规律,从生产方式入手是马克思分析资本主义社会的科学方法。

世界体系理论以交换为基础,强调对流通领域进行分析的重要性,对不平等、不合理的国际秩序进行了猛烈抨击,这在全球化凸显的今天很有意义。但是,沃勒斯坦过高估计了世界经济中流通对生产的反作用,反而忽视了生产决定流通这一基本前提。剩余产品从一个地区转移到另一个地区仅是一种交换行为,它固然存在着剥削问题,但不能说明贫困和富有的根源。沃勒斯坦只是将资本积累看作是现代世界体系的动力和矛盾的源泉,而没有看到是资本的本性决定了资本扩张、资本积累及其限度,没有看到资本主义生产方式的真正秘密及其内在矛盾。因此,他不能像马克思一样提出废除资本主义私有制这样深刻的见解。所以,在沃勒斯坦那里,对资本主义世界体系的批判是无力的。

4.3　欠发达地区的发展前景与战略

沃勒斯坦虽然对现代世界体系作了全面的批判,号召人们起来为建立未来体系而奋斗,以此谋求真正发展。但是由于沃勒斯坦否定了马克

---

① 马克思:《资本论》(3卷),北京,人民出版社,2004,第279页。
② 马克思:《资本论》(3卷),北京,人民出版社,2004,第126页。

思的革命论和依附论的脱钩战略，认为资本主义基本矛盾会促使现代世界体系自行瓦解，从而实现全球转型。他判断世界体系正处在转型过程之中，号召人们起来凭借理性、良心勇敢地作出选择。但是现代世界体系并未出现崩溃的迹象，反而以全球化形式向纵深发展。因而实际上沃勒斯坦对欠发达地区并未提出切实可行的发展策略。

在当前世界格局并未出现重大变化的情况下，欠发达地区能否实现发展，如何实现是一个突出的问题。在当代，东亚作为一个整体，在近几十年实现了较快发展，这说明了在现有条件下，欠发达地区完全可以实现整体的发展。我们认为，资本的国际积累是一个动态过程，它注定要创造差异，出现分化，并在这一分化的基础上再创造新的分化。因而现今资本主义世界经济体系中的发达与不发达问题是不断变化的。这一变化决定了资本主义世界经济体系中强国与弱国力量对比关系的变化。资本的国际积累，特别是以直接投资为主体的资本国际化，引致了不发达国家经济成分的壮大。在竞争规律的支配下，通过技术革新和发明，再投资和增加生产等，加强了技术进步的动力，从而实现了经济发展，并日益改变着强国与弱国的不对称格局。因此，在复杂的国际环境下，转变观念，辨别机会、抓住机会，制定实际可行的发展战略，谋求发展才是欠发达地区的现实选择。

4.3.1 正确理解"依赖"与"依附"

毋庸置疑，随着生产力的发展，国际间与日俱增的商品流通、劳务交换、资金流动、技术交流等，已把世界各国日益紧密地联接在一起，形成了相互联系与相互依存的世界整体。这一整体尽管是以各国经济为基础，但它不是国别经济的简单算术和，而是一个具有整体功能的有机体。

今天当我们谈论各国的发展时，首先面对的就是世界经济的"依赖"

与"依存"的关系问题。① 从语义学的角度讲,中文中的这两个词在英语中,使用的是同一个词 dependence。然而,从马列经典著作中使用这个词的情况来看,实际上具有两种相互联系但又完全不同的含义,分别相当于中文的"依赖"与"依附"。第一种含义是指世界经济形成后,各国经济的相互依赖关系。这种依赖是双方面的,并不排斥各国经济的独立性。"商品的物质区别是交换的物质动机,它使商品所有者互相依赖,因为他们双方都没有他们自己需要的物品,而有别人需要的物品"。② 依照马列经典著作的论述,这种依赖关系大致具有以下特点:(1)它是生产力发展的后果和生产力进一步发展的客观要求。马克思指出:"在机器发明以前,一个国家的工业主要是用本地原料来加工……由于机器和蒸汽的应用,分工的规模已使大工业脱离了本国基地,完全依赖于世界市场、国际交换和国际分工。"③(2)世界经济联系的扩大,相互依赖的发展是一种历史的进步。资本主义打破了国家的孤立和闭关自守的状态,使世界成为一个相互依赖的整体,实现了资源的全球配置。这表明了资本主义进步的历史作用。这种依赖关系是相互的,普遍存在于一切卷进了世界经济的国家之间,这种依赖性的存在并不意味着这些国家独立性的丧失。马克思、恩格斯就指出:"过去那种地方的和民族的闭关自守和自给自足状态已经消逝,现在代之而起的已经是各个民族各方面互相往来和各方面互相依赖了。"④"我们依赖其它国家正像其它国家依赖我国国民经济一样,但这并不意味着我国因而丧失了或就要丧失自己的独立性"。"应当把各国彼此间相互依赖性和各国的经济独立性区别开来"。⑤

就第二种含义,即依附来讲,它具有特殊意义,是指在资本主义条件

①参见曹远征:《世界经济体系中的发达与不发达关系》,杭州,浙江人民出版社,1988,第201—203页。

②《马克思恩格斯全集》(23卷),北京,人民出版社,1972,第182页。

③《马克思恩格斯全集》(4卷),北京,人民出版社,1958,第168—169页。

④《马克思恩格斯全集》(4卷),北京,人民出版社,1958,第470页。

⑤《斯大林全集》(9卷),北京,人民出版社,1954,第118—119页。

下经济上相互依赖的特殊表现形式,特指落后地区被扭曲了的社会经济状况,它具有的特殊社会性质。正是由于经济发达的资本主义国家处于"矛盾的主要方面",而不发达国家处于"矛盾的非主要方面",从而使不发达国家呈现依附状态,同时使发达国家处于支配地位,出现了统一的资本主义世界经济中的发达不发达之分。这种依附与支配的决定性原因在于资本主义经济制度,而不在于各国经济的开放及其程度。换言之,对外开放是生产力发展的历史必然,不应片面加以否定。问题的关键在于在当代资本主义世界经济条件下,一国如何同它保持"选择性关联",如何同它实行"选择性切断"。

4.3.2 在相互依赖中求发展

既然各国经济间的相互依赖是生产力发展的客观趋势与要求,是一种历史的进步。但是由于在资本主义条件下,生产力的这种要求与趋势在一定程度上是靠依附体现出来的,因此,就要认真具体地分析发达与不发达之间的各种经济联系,区别哪些是依赖,哪些是依附。准确地说,卷入不卷入资本主义世界经济,卷入程度如何,并不是衡量一国处于发达还是不发达地位的指标,至少不是唯一的指标。把不发达国家经济开放度的提高完全视为是依附加重的论据是不可靠的。

在当代世界经济中,不发达状态是可以缓解的。不发达国家可以利用资本主义制度的矛盾运动所提供的一切细小机会来促进本国资本的积累。同时,不发达国家要加强自身建设,把国际资本积累运动所提供的一切细小机会与自身把握机会的能力有机地结合起来,推动发达与不发达关系的演化。这一演化必然使得资本主义世界经济体系中各种矛盾进一步地激化,从而推动资本主义世界经济完成自身的否定之否定。

4.3.3 制定可行的社会发展战略

在现今国际格局下,欠发达国家如何抓住有利时机,同时加强自身建设,充分利用自身优势,制定一个切实可行的社会发展战略是关键。

首先,要面对世界实行经济开放。对外开放固然面临风险,但同时也存在着争取经济发展的机会。不能因为对外开放存在着风险而否定开放的必要性。国际分工的发展,对外贸易的扩大,科学技术的交流,这是历史发展的必然趋势,是人类社会的一种进步。为了发展民族经济,欠发达国家必须积极参加国际分工,加强对外经济的交往和合作。在这方面,加强"南南合作"具有特别重要的意义。这些国家人口众多,资源丰富,市场广阔。而且,有的国家积累了相当数量的资金,许多国家拥有各具特色的技术,在发展民族经济方面大都有自己的经验可供别国借鉴。这些国家之间的经济合作,就一部分技术和设备的适用对路而言,其成效往往不亚于同发达国家的交往。加强发展中国家之间的团结互助,发挥集体自力更生的威力,可以推动民族经济的比较迅速的发展,并有助于冲破现存不平等的国际经济关系和建立国际经济新秩序,具有战略意义。

其次,对外开放中的机会只能在自身经济发展过程中赢得,因此,要对外开放,必须对内搞活。简言之,壮大自己的经济实力是对外开放的基础。长期以来,经济学家们基于不同的认识,对如何结合国际市场,发展民族经济,提出和概括出了各种各样的战略。诸如发展初级产品出口的战略,发展进口替代工业的战略,以及发展出口加工工业的战略等等。应该说,这些认识都是某些欠发达国家某个时期的实践经验的概括,都是有一定的根据。但是,我们必须看到,各个欠发达国家的历史传统、民族特点、社会结构、人口、国土、自然资源、经济发展水平、文教科技状况等等,都是千差万别,各不相同的。因此,不可能有一个包罗一切、放之四海而皆准的战略模式。各个国家既要学习外国的经验,又不能生搬硬套,而必须从实际出发,按照本国的国情制定发展战略。制定发展战略要因地制宜,扬长避短,充分利用本国的自然资源和人力资源。如有些国家通过开发石油资源,带动其他工业部门和整个国民经济的发展。有些国家利用大量廉价劳动力,首先着重发展劳动密集型企业,扩大出口,既缓和了失业问题,又因为商品成本低,加强了在国际市场上的竞争能力,从而能够争取外汇,积累资金,促进民族经济的进一步发展。

第三,做好科技创新,并集中力量力图在有限领域实现高科技的突破。在经济发展中,科技创新往往具有举足轻重的作用,它不仅创造新的产品、新的产业,从而创造新的财富,并且产生"蜂聚"效应,使整个经济处于竞争之中,充满了活力。欠发达国家可以利用国家宏观手段来督促企业进行科技创新、技术改造。并且力争在某些领域实现突破,以此占领这一方面的制高点,为经济发展提供长远动力。

第四,开发人力资源,提高人口质量。其前提就是控制人口增长,人口重负是发展中国家的典型特征之一。人口过度增长,不仅对资源、环境及社会系统产生极大的压力,而且使发展中国家原本居于优势的人力资源变成负担,导致人力资源闲置,降低了人力资源质量。以控制人口数量增长为基础,努力提高人口质量,必须增加人力资本投资,积极推进教育事业。并发挥用人机制和流动机制的作用,合理配置人力资源,同时要提高人才待遇,防止人才外流。

第五,积极参与国际新规则的制定。现代世界体系是由西方发达国家所主导的,发达国家和欠发达国家在国际秩序中处于完全不平等的地位。这种不平等首先表现在国际规则和制度的制定上,按照制度经济学原理,国际经济制度是最重要的公共物品。谁控制了国际经济制度的制定,谁就实现了交易成本的下降,谁就在国际贸易中处于有利地位。西方发达国家就是因为控制了国际贸易规则的安排,从而在世界市场上实现了收益最大化,而这却是以牺牲欠发达国家的利益为代价的。因此,这些国家要想维护自己的利益,必须团结起来,参与国际规则的制定,保证国际经济在一个较为公正合理的环境中进行。

实践证明,在现有环境下,欠发达地区如果充分利用好内部、外部条件,是完全可以实现可持续发展的。并且可以在发展中不断壮大发展中国家的力量,从而在国际规则的制定中逐渐掌握主导权,最终建立一个公正合理的国际新秩序。

结　语

　　沃勒斯坦的世界体系理论因为其宏伟的视野、独到的见解,而在当代社会科学界产生了巨大影响。面对日益突出的当代社会发展问题,他不是像现代化理论家那样,将社会发展看作是一个简单的经济发展问题,乐观地假定只要"超越"传统价值和社会结构,欠发达国家就能实现持续发展。而是看到了现象背后所蕴含的深层次的结构制约,在他看来,当代社会发展问题是一个根本社会制度问题! 应该说,这种看待问题的深刻性超出了一般的发展社会学家、发展经济学家。他对资本主义世界体系的批判,展现了马克思主义的一贯立场。关于解决问题的办法,他不是像依附论者那样简单地建议,只要欠发达国家与中心国家"脱钩",就能实现自主发展。他认为在当前日益紧密的一体化背景下,要"脱钩"是不可行的。唯有改变这个"不平等"、不合理的资本主义世界体系,才能真正地解决问题。

　　作为一位西方马克思主义者,沃勒斯坦在一定程度上继承了马克思的立场、方法,在全球一体化不断深化的背景下,对当代社会发展问题进行了探讨,显示了马克思主义的强大生命力。而在新历史条件下,沃勒斯坦对这一主题的研究,实际上是以他自己的方式试图完成马克思的一项未完成的事业。在《政治经济学批判·序言》里,马克思为自己制定了一个研究计划:"我考察资产阶级经济制度是按照以下的顺序:资本、土地所有制、雇佣劳动;国家、对外贸易、世界市场。在前三项下,我研究现代资产阶级社会分成的三大阶级的经济生活条件;其他三项的相互关系是一目了然的。"①事实上,马克思的《资本论》只是基本上完成了前三项的研究,对于世界市场、对外贸易等方面的研究尚未来得及展开研究,成为历史遗憾。但也为后来的马克思主义者留下了一个继续发展的空间。

沃勒斯坦的世界体系理论在一定程度上继承了马克思的传统,强调世界范围内的经济交往对资本主义世界体系的影响,并由此得出发达与欠发达现象之间的结构性关系,进而对资本主义进行了全面批判,是一种有意义的理论尝试。沃勒斯坦对资本主义的分析是基于他对资本主义生产方式的独特理解之上的。"资本主义是一种生产方式,一种为了在市场中获利而进行的生产"。② 资本主义生产是为利润而进行的生产。但是沃勒斯坦认为利润的主要来源不是资本家对工人的剥削,而是经济体内不同地区的剩余流动。因此,在资本积累推动下,资本主义与空间扩张必然联系在一起,资本主义必然是一种世界体系,用他自己的话说,资本主义与世界体系是一个硬币的两面。它必然表现为"中心——半边缘——边缘"这样一个结构。这种结构就决定了发达与欠发达两种发展状态的分化。在世界市场上,通过不平等交换这种方式,实现剩余从边缘向中心的转移。在世界体系内,中心与边缘之间是一场零和博弈,一部分国家的发达是以另一部分国家的欠发达为代价的,资本主义世界体系发展的结果必然就是两极分化。这样,沃勒斯坦从资本主义生产方式的高度说明了欠发达的根源。

但是欠发达地区的落后和世界的两极化,有着非常复杂的原因,沃勒斯坦的世界体系理论只是给予了一种较有限的解释。他的世界体系理论不是从生产领域,而是从流通领域来考察资本主义,过于注重民族国家的外部环境,过于强调流通领域对社会发展的影响。而无法深入具体国家内部进行详细分析,这是他的理论的一个重大不足。我们认为任何现象都是内外因共同作用的结果,欠发达国家最初受到外因的影响很大,这种

---

①《马克思恩格斯选集》(2卷),北京,人民出版社,1995,第31页。
②[美]伊曼纽尔·沃勒斯坦:《沃勒斯坦精粹》,南京,南京大学出版社,2003,第109页。

外因与欠发达国家的实际相结合,形成新的内因,并且对欠发达状态产生重大影响。我们认为,只有坚持从生产方式入手,内外因结合,全面分析,才能得出正确的结论。

另外,由于沃勒斯坦坚持非进步论,缺乏辩证的眼光,使他只看到资本主义社会不合理、不平等的一面,而没有看到它的历史进步性。因而在关于未来世界体系建设问题上陷入了历史虚无主义的误区,他完全抛弃先前的历史基础,以为新的世界体系可以凭空建起。并且将未来社会的希望寄托于人们的自由意志。这都是错误的。

沃勒斯坦将希望寄托于未来社会,没有提出一个切实可行的发展战略。但是,在现代世界体系的"游戏规则"尚未实现重大改变的情况下,如何实现可持续的科学发展是所有欠发达地区面临的一个重大现实问题。特别是经济全球化运动如火如荼地进行着,如何应对当今世界经济发展的这种客观趋势是所有国家面临的时代课题。从实际情况来看,不少欠发达国家或地区由于采取了正确的措施而实现了较快的发展。如亚洲的发展中国家在 20 世纪 80 年代以来,实现了经济的整体增长。特别是中国,实现了经济、社会 30 年的高速增长,成为发展中国家发展的典范,这说明一个国家的发展对策是非常重要的。纵观中国的几十年的发展对策,可以初步总结出以下几条经验:首先,对外开放,积极参与国际经济合作。经济全球化是人类社会发展到一定阶段的产物,它所带来的产业大转移、资本与技术的流动和资源的全球配置,为发展中国家的发展带来机遇。中国正是利用了发达国家的资金、技术,同时充分发挥我国资源丰富、劳动力价格低廉的优势,扩大出口,推动我国工业化发展。其次,进行制度创新。全球化是全球性的挑战,如何进行内部制度调整以应对挑战是成功发展的一大要求。在中国,经过几十年的努力,已初步建立了市场经济体制,并且在政治制度、文化制度等方面也不断地进行调整,为发展创立了一个较好的制度环境。第三,加快自身经济结构的调整,提高竞争力。在利用国际资源的同时,加快自身的经济调整是关键。中国在利用自身的劳动力资源优势,大力发展劳动密集型产业的同时,还适当地发展自己的高新技术和资金密集型产业,改造传统产业,以适应全球化的要求。

透过中国这个例子我们可以看到,只要把握好机遇,采取适当措施,欠发达地区完全可以实现可持续的良性发展。同时,以中国为首的社会主义国家,韬光养晦,积蓄力量,最终必定会战胜资本主义势力,实现全人类的解放。

参 考 文 献

一、著作类

中文文献

[1]《马克思恩格斯选集》(1—4卷),北京,人民出版社,1995。

[2]《马克思恩格斯全集》(1卷),北京,人民出版社,1956。

[3]《马克思恩格斯全集》(2卷),北京,人民出版社,1957。

[4]《马克思恩格斯全集》(3卷),北京,人民出版社,1960。

[5]《马克思恩格斯全集》(4卷),北京,人民出版社,1958。

[6]《马克思恩格斯全集》(18卷),北京,人民出版社,1964。

[7]《马克思恩格斯全集》(23卷),北京,人民出版社,1972。

[8]《马克思恩格斯全集》(25卷),北京,人民出版社,1974。

[9]《马克思恩格斯全集》(40卷),北京,人民出版社,1982。

[10]《马克思恩格斯全集》(46卷上),北京,人民出版社,1979。

[11]《马克思恩格斯全集》(46卷下),北京,人民出版社,1980。

[12]《马克思恩格斯全集》(47卷),北京,人民出版社,1979。

[13]《资本论》(1—3卷),北京,人民出版社,2004。

[14]《列宁选集》(1—4卷),北京,人民出版社,1995。

[15]《斯大林全集》(9卷),北京,人民出版社,1954。

[16]马克思:《剩余价值理论》(3卷),北京,人民出版社,1975。

[17]列宁:《帝国主义是资本主义的最高阶段》,北京,人民出版社,1972。

[18][美]艾森斯塔德:《现代化:抗拒与变迁中》,北京,中国人民大学出版社,1988。

[19][印]阿马蒂亚·森:《以自由看待发展》,北京,中国人民大学出版社,2002。

[20][希腊] A. 伊曼纽尔:《不平等交换》,北京,中国对外贸易出版社,1988。

[21][德]安德烈·贡德·弗兰克:《白银资本——重视经济全球化中的东方》,北京,中央编译出版社,2000。

[22][德]安德烈·贡德·弗兰克:《依附性积累与不发达》,南京,译林出版社,1999。

[23][德]安德烈·G·弗兰克、巴里·K·吉尔斯编:《世界体系,500年还是5000年》,北京,社会科学文献出版社,2004。

[24][英]安东尼·吉登斯:《民族——国家与暴力》,上海,三联书店,1998。

[25][英]A. P. 瑟尔沃:《增长与发展》,北京,中国财政经济出版社,2001。

[26][德]奥斯瓦尔德·斯宾格勒:《西方的没落——世界历史的透视》,北京,商务印书馆,1995。

[27][美]保罗·巴兰:《增长的政治经济学》,北京,商务印书馆,2000。

[28][美]保罗·斯威齐:《资本主义发展论》,北京,商务印书馆,1997。

[29][美]彼得·柏格:《发展理论的反省——第三世界发展的困境》,台北,巨流图书公司,1987。

[30][英]布鲁厄:《马克思主义的帝国主义理论》,重庆,重庆出版社,2003。

[31] [美]查尔斯·K·威尔伯编:《发达与不发达问题的政治经济学》,北京,中国社会科学出版社,1984。

[32] [美]C.P.欧曼、G.韦格纳拉加:《战后发展理论》,北京,中国发展出版社,2000。

[33] [美]德尼·古莱特:《发展伦理学》,北京,社会科学文献出版社,2003。

[34] [比]厄尔奈斯特·曼德尔:《晚期资本主义》,哈尔滨,黑龙江人民出版社,1983。

[35] [法]费尔南·布罗代尔:《15至18世纪的物质文明、经济和资本主义》(1—3卷),北京,三联书店,1993。

[36] [法]费尔南·布罗代尔:《资本主义论丛》,北京,中央编译出版社,1997。

[37] [法]费尔南·布罗代尔:《菲利普二世时代的地中海和地中海世界》(1—2卷),北京,商务印书馆,1998。

[38] [法]费尔南·布罗代尔:《资本主义的动力》,北京,三联书店,1997。

[39] [美]弗朗西斯科·洛佩斯·塞格雷拉编:《全球化与世界体系》,北京,社会科学文献出版社,2003。

[40] [法]弗朗索瓦·佩鲁:《新发展观》,北京,华夏出版社,1987。

[41] [英]G.A.柯亨:《卡尔·马克思的历史理论》,重庆,重庆出版社,1989。

[42] [美]胡格韦尔特:《发展社会学》,成都,四川人民出版社,1987。

[43] [意]杰奥瓦尼·阿锐基:《漫长的20世纪——金钱、权力与我们社会的根源》,南京,江苏人民出版社,2001。

[44] [美]J.M.布劳特:《殖民者的世界模式——地理传播主义和欧洲中心主义史观》,北京,社会科学文献出版社,2002。

[45] [英]卡尔·波拉尼:《大转型:我们时代的政治与经济起源》,杭州,浙江人民出版社,2007。

[46] [美]里西尔·E·布莱克编:《比较现代化》,上海,上海译文出版社,1996。

[47] [美]罗纳德·H·奇尔科特:《比较政治学理论——新范式的探索》,北京,社会科学文献出版社,1998。

[48] [美]罗纳德·H·奇尔科特主编:《批判的范式:帝国主义政治经济学》,北京,社会科学文献出版社,2001。

[49] [德]罗莎·卢森堡、尼·布哈林:《帝国主义与资本积累》,黑龙江人民出版社,1982。

[50] [德]罗莎·卢森堡:《资本积累论》,北京,三联书店,1959。

[51] [美]罗伯特·海尔布罗纳:《现代化理论研究》,北京,华夏出版社,1989。

[52] [美]罗伯特·吉尔平:《国际关系政治经济学》,北京,杨宇光等译,经济科学出版社,1994。

[53] [德]马克斯·韦伯:《新教伦理与资本主义精神》,北京,三联书店,1987。

[54] [德]马克斯·韦伯:《经济与社会》(上下卷),北京,商务印书馆,2006。

[55] [美]迈克尔·P·托达罗:《经济发展与第三世界》,北京,中国经济出版社,1992。

[56] [英]M.C.霍华德、J.E.金:《马克思主义经济学史 1929－1990》,北京,中央编译出版社,2003。

[57] [意]梅洛蒂:《马克思与第三世界》,北京,商务印书馆,1981。

[58] [法]皮埃尔·罗桑瓦隆:《乌托邦资本主义——市场观念史》,北京,社会科学文献出版社,2004。

[59] [阿根廷]R.普雷维什:《外国资本主义——危机与改造》,北京,商务印书馆,1990。

[60] [美]塞缪尔·亨廷顿:《现代化:理论与历史经验的再探讨》,上海,

上海译文出版社,1993。

[61] [美]塞缪尔·亨廷顿:《变革社会中的政治秩序》,北京,华夏出版社,1988。

[62] [埃及]萨米尔·阿明:《不平等的发展——论外围资本主义的社会形态》,北京,商务印书馆,2000。

[63] [埃及]萨米尔·阿明:《世界一体化的挑战》,北京,社会科学文献出版社,2003。

[64] 世界银行:《2000/2001年世界发展报告:与贫困作斗争》,北京,中国财政经济出版社,2001。

[65] [美]斯塔夫里阿诺斯:《全球分裂——第三世界的历史进程》,北京,商务印书馆,1993。

[66] [美]斯塔夫里阿诺斯:《全球通史——从史前史到21世纪》,北京,北京大学出版社,2005。

[67] T. 多斯桑托斯:《帝国主义与依附》,北京,社会科学文献出版社,1992。

[68] [日]田中明彦:《世界系统》,北京,经济日报出版社,1990。

[69] [美] W. W. 罗斯托:《经济增长的阶段——非共产党宣言》,北京,中国社会科学出版社,2001。

[70] [英]亚当·斯密:《国民财富放入性质和原因的研究》,北京,商务印书馆,1974。

[71] [美]伊曼纽尔·沃勒斯坦:《开放社会科学——重建社会科学报告书》,北京,三联书店,1997。

[72] [美]伊曼纽尔·华勒斯坦:《历史资本主义》,北京,社会科学文献出版社,1999。

[73] [美]伊曼纽尔·沃勒斯坦:《现代世界体系》(1卷),北京,高等教育出版社,1996。

[74] [美]伊曼纽尔·沃勒斯坦:《现代世界体系》(2卷),北京,高等教育

出版社,1998。

[75] [美]伊曼纽尔·沃勒斯坦:《现代世界体系》(3 卷),北京,高等教育出版社,2000。

[76] [美]伊曼纽尔·沃勒斯坦等:《自由主义的终结》,北京,社会科学文献出版社,2002。

[77] [美]伊曼纽尔·沃勒斯坦:《所知世界的终结——二十一世纪的社会科学》,北京,社会科学文献出版社,2003。

[78] [美]伊曼纽尔·沃勒斯坦、K.霍普金斯:《转型时代——世界体系的发展轨迹:1945－2025》,北京,高等教育出版社,2002。

[79] **[美]伊曼纽尔·沃勒斯坦:《沃勒斯坦精粹》,南京,南京大学出版社,2003。**

[80] 安起念:《东方国家的社会跳跃与文化滞后》,北京,中国人民大学出版社,1994。

[81] 北京大学马克思主义文献研究中心:《共产党宣言与全球化》,北京,北京大学出版社,2001。

[82] 曹远征:《世界经济体中的发达与不发达关系》,杭州,浙江人民出版社,1988。

[83] 陈先达:《走向历史的深处——马克思历史观研究》,北京,中国人民大学出版社,2006。

[84] 陈先达:《马克思早期思想研究》,北京,中国人民大学出版社,2006。

[85] 陈振明:《西方马克思主义的社会政治理论》,北京,中国人民大学出版社,1997。

[86] 陈振明编:《政治的经济学分析——新政治经济学导论》,北京,中国人民大学出版社,2003。

[87] 丰子义:《现代化的理论基础——马克思现代社会发展理论研究》,北京,北京大学出版社,1995。

[88] 丰子义、杨学功:《马克思"世界历史"理论与全球化》,北京,人民出

版社,2002。

[89] 冯钢:《非西方社会发展理论与马克思》,杭州,浙江人民出版社,1992。

[90] 高铦:《第三世界发展理论探讨》,北京,社会科学文献出版社,1992。

[91] 高文新主编:《马克思理论基本范畴研究》,长春,吉林大学出版社,2007。

[92] 公羊主编:《思潮——中国"新左派"及其影响》,北京,中国社会科学出版社,2003。

[93] 郝立新:《历史选择论》,北京,中国人民大学出版社,1992。

[94] 贾高建:《社会发展理论与社会发展战略——建构一种逻辑体系的研究纲要》,北京,中央党校出版社,2005。

[95] 江丹林:《东方社会复兴之路》,广州,广东教育出版社,1996。

[96] 李琮:《第三世界论》,北京,世界知识出版社,1993。

[97] 李琮编:《当代资本主义发展重要问题研究》,北京,中央文献出版社,2000。

[98] 林娅编:《全球化与社会发展理论研究》,北京,北京大学出版社,2006。

[99] 鲁克俭:《国外马克思学研究的热点问题》,北京,中央编译出版社,2006。

[100] 吕世荣:《马克思社会发展理论研究》,北京,中国社会科学出版社,2001。

[101] 罗荣渠:《现代化新论》,北京,商务印书馆,2004。

[102] 庞元正:《发展理论论纲》,北京,中央党校出版社,2000。

[103] 庞元正主编:《当代西方社会发展理论新词典》,长春,吉林人民出版社,2001。

[104] 孙来斌:《"跨越论"与落后国家经济发展道路》,武汉,武汉大学出版社,2006。

[105] 王宁编:《全球化与后殖民批判》,北京,中央编译出版社,1998。

[106] 王逸舟:《西方国际政治学:历史与理论》,上海,上海人民出版社,1998。

[107] 王正毅:《世界体系论与中国》,北京,商务印书馆,2000。

[108] 王正毅:《边缘地带发展论——世界体系与东南亚的发展》,上海,上海人民出版社,1997。

[109] 夏光:《东亚现代性与西方现代性》,北京,三联书店,2005。

[110] 萧新煌编:《低度发展与发展——发展社会学选读》,台北,巨流图书公司,1985。

[111] 谢立中、孙立平:《20世纪西方现代化理论文选》,上海,三联书店,2002。

[112] 许宝强、汪辉编:《发展的幻象》,北京,中央编译出版社,2001。

[113] 叶险明:《马克思的世界历史理论与现时代》,北京,清华大学出版社,1996。

[114] 尹保云:《什么是现代化》,北京,人民出版社,2001。

[115] 俞可平编:《全球化时代的"马克思主义"》,北京,中央编译出版社,1998。

[116] 俞可平编:《全球化时代的资本主义》,北京,中央编译出版社,1998。

[117] 张世鹏、殷叙彝编:《全球化时代的资本主义》,北京,中央编译出版社,1998。

[118] 张雷声:《寻求独立、平等与发展》,北京,中国人民大学出版社,1998。

[119] 张蕴岭:《世界经济中的相互依赖关系》,北京,经济科学出版社,1989。

[120] 张琢编:《国外发展理论研究》,北京,人民出版社,1992。

[121] 宗丹楠:《试论马克思恩格斯关于社会生产方式的理论——〈资本论〉读书札记》,济南,山东人民出版社,2004。

外文文献

［1］Abu－Lughod, Janet L. , *Before European Hegemony*：*The World System A. D.* 1250－1350, Oxford University Press, 1989.

［2］Arrighi, Giovanni, Terrence K. Hopkins and Immanuel Waller-stein, *Antisystemic Movements*, London & New York：Verso, 1989.

［3］Bergesen, Albert（ed）, *Studies of the Modern World － System*, New York：Academic Press, 1980.

［4］Chase－Dunn, Christopher and Thomas D. Hall, Rise and Demise：*Comparing World － Systems*, Westview Press, 1997.

［5］Chase－Dunn, Christopher, *Socialist States in the World － System*, Sage Publications, Inc. , 1982.

［6］Chilcote, R. and Dale Johnson（ed）, *Theories of Development*, Sage Publications, Inc. , 1983.

［7］David Harrison, *The Sociology of Modernization and Develop-ment*, Unwin Hyman Lcd, 1988.

［8］Denemark, Robert A. , *World System History*：*the Social Science of Long － Term Change*, New York：Routledge, 2000.

［9］Diana Hunt, *Economic Theories of Development*：*An Analysis of Competing Paradigms*, Savage, Barnes & Noble Books, 1989.

［10］Frank W. Elwell, *Macrosociology Four Modern Theorists*, Boul-der, Paradigm Publishers, 2006.

［11］Hopkins Terrence K. , Immanuel Wallerstein, *World － System A-nalysis*：*Theory and Methodology*, Sage Publications, Inc. , 1982.

［12］Janos, Andrew C. , *Politics and Paradigms*：*Changing Theories of Change in Social Science*, Stanford University Press, 1986.

[13] J. Timmons Roberts, Amy Hite (ed), *From Modernization to Globalization*, Maldern, Blackwell Publishers Inc, 2000.

[14] G. Frank, *World Accumulation*: 1492 — 1789, The MaCmillan Press, London, 1978.

[15] Peter Limqueco, Bruce Mcfarlane(ed), *Neo—Marxist Theories of Deveopment*, NewYork: Croom Helm, Ltd, 1983.

[16] Reizer, George, *Sociological Theory*, McGraw Hill, 1996.

[17] Ronald H. Chilcote, *Theories of Development and Underdevelopment*, Boulder and London: Westview Press, 1984.

[18] Sanderson, Stephen K. (ed), *Civilizations and World Systems*: *Studying World — Historical Change*, Walnut Creek/London/ New Delhi: AltaMira Press, 1995.

[19] Shannon Thomas R. , *An Introduction to the World—System Perspective*, Westview Press, 1989.

[20] Skocpol, Theda(ed), *Vision and Method in Historical Sociology*, Cambridge, 1984.

[21] Stephen K. Sanderson (ed), *Civilizations and World Systems*, Walnut Creek, AltaMira Press, 1995.

[22] Thompson, William R. (ed), *Contending Approach to World System Analysis*, Sage Publications, Inc. , 1983.

[23] Wallerstein, Immanuel, *Geopolitics and Geoculture*: *Essays on the Changing World—System*, Cambridge University Press, 1991.

[24] Wallerstein, Immanuel, *The Capitalist World—Economy*, Cambridge University Press, 1979.

[25] Wallerstein, Immanuel, *The Politics of the World—Economy*: *the States*, *the Movements*, *and the Civilizations*, Cambridge Univer-

沃勒斯坦世界体系理论研究

sity Press，1984.

［26］ Wallerstein，Immanuel，*Unthinking Social Science：The Limits of Nineteenth－Century Paradigms*，Polity Press，1991.

［27］ Wallerstein，Immanuel，*Utopistics on Historical Choices of the Twenty－first Century*，New York：The New Press，1998.

［28］ Wallerstein，Immanuel，*World－system Analysis*，Durham and London：Duke University Press，2004.

二、论文类

中文文献

［1］［美］阿里夫·德里克:《世界体系分析和全球资本主义——对现代化理论的一种检讨》,《战略与管理》,1993,第 10 期。

［2］［德］安德烈·贡德·弗兰克:《世界中心从东方向西方的位移》,《世界经济译丛》,1993,第 9 期。

［3］［澳］E. 艾茨伊奥·尼哈莱维:《马克思主义对世界体系的看法:依附理论》,《国外社会学》,1992,第 4 期。

［4］［俄］尼·康德拉季耶夫:《经济生活中的长期波动》,《世界经济译丛》,1979,第 7 期。

［5］［澳］尼克·比姆斯:《世界资本主义体系的基本矛盾与战后美国霸权演变的三个阶段》,《国外理论动态》,2005,第 6 期。

［6］［埃及］萨米尔·阿明:《论脱钩》,《国外社会科学》,1988,第 2 期。

［7］［埃及］萨米尔·阿明、［巴西］特奥托尼奥·多斯桑托斯:《贡德·弗兰克与依附理论、世界体系论》,《国外理论动态》,2005,第 8 期。

[8] [巴西]特奥托尼奥·多斯桑托斯:《论世界经济体系概念的起源》，《国外社会科学》,1999,第6期。

[9] [美]伊曼纽尔·沃勒斯坦:《面向东方还是欧洲奇迹》,《视界》,2001,第2辑。

[10] [美]伊曼纽尔·沃勒斯坦:《新一轮反体系运动的代表:世界社会论坛》,《国外理论动态》,2004,第8期。

[11] 安然:《论沃勒斯坦的现代化思想》,《史学月刊》,2006,第2期。

[12] 顾云深:《沃勒斯坦与世界体系理论》,《复旦学报》(哲社版),1989,第6期。

[13] 陈学明、李涛:《论世界体系分析学派对当代资本主义的新批判》,《毛泽东邓小平理论研究》,2006,第10期。

[14] 丰子义:《马克思社会发展理论的当代价值——兼论其把握方式与寻求途径》,《北京大学学报》(哲社版),2006,第4期。

[15] 韩震、吴玉军:《知识不确定性条件下的学科组织结构变革——读沃勒斯坦〈知识的不确定性〉》,《史学理论研究》,2006,第4期。

[16] 黄贵荣:《整合与分化:世界体系研究理论评析》,《江苏教育学院学报》(社科版),2003,第4期。

[17] 贾敏仁:《恩格斯与现代世界体系理论》,《中国人民大学学报》,2000,第3期。

[18] 江丹林:《马克思对东方社会发展问题的研究》,《北京大学学报》(哲社版),1995,第6期。

[19] 江华:《世界体系论的马克思主义源流》,《浙江省委党校学报》,2005,第2期。

[20] 江华:《沃勒斯坦的整体论研究》,《现代哲学》,2005,第4期。

[21] 江华:《沃勒斯坦的资本积累论评析》,《教学与研究》,2005,第4期。

[22] 江华:《解构学科的神话》,《西南师范大学学报》(人文版),2005,第5期。

[23] 焦建华:《从马克思主义看世界体系理论》,《理论与改革》,2003,第 3 期。

[24] 李曼琳:《世界体系理论中的当代资本主义发展趋向》,《学术探索》,2002,第 5 期。

[25] 刘玉能:《弗兰克与社会科学建构的全球视野》,《社会学研究》,2000,第 5 期。

[26] 龙向阳、江波:《所知'世界体系理论'的讹传与批判》,《学术研究》,2004,第 11 期。

[27] 龙向阳:《世界体系思想的流派与评论》,《暨南学报》(人文版),2004,第 1 期。

[28] 路爱国、沃勒斯坦:《世界体系的结构性危机》,《世界经济与政治》,2005,第 4 期。

[29] 马英明:《沃勒斯坦的发展观念》,《党史博采》,2006,第 12 期。

[30] 舒建中:《沃勒斯坦'融入'论述评》,《世界经济与政治》,2003,第 9 期。

[31] 田佑中:《论沃勒斯坦与熊彼特经济发展史研究的异同》,《天津社会科学》,2003,第 3 期。

[32] 王红曼:《沃勒斯坦与布罗代尔视野中的资本主义》,《贵州大学学报》(社科版),2004,第 5 期。

[33] 吴英:《沃勒斯坦怎样看资本主义世界体系的转型——评〈转型时代〉》,《世界历史》,2003,第 1 期。

[34] 武云:《走近有托之乡——评〈自由主义的终结〉》,《东方论坛》,2005,第 6 期。

[35] 许春华:《论全球化发展范式——现代化发展范式的危机和挑战》,《河北学刊》,2003,第 3 期。

[36] 杨雪冬:《沃勒斯坦论作为一种文明的现代世界体系》,《马克思主义与现实》,1997,第 5 期。

［37］阎光才:《从断裂到整合:当代人文社会科学的社会功能变迁》,《重庆社会科学》,2004,第 1 期。

［38］徐洋:《沃勒斯坦论资本主义世界体系危机及 21 世纪左派政治策略》,《国外理论动态》,2001,第 4 期。

［39］阎静、周五一:《马克思主义与现代西方世界体系理论》,《江西行政学院学报》,2005,第 3 期。

［40］严立贤:《发展理论和不发达国家的现代化》,《中国社会科学》,1988,第 5 期。

［41］余伟民:《"世界体系":20 世纪研究的一个中心概念》,《华东师范大学学报》(哲社版),2000,第 1 期。

［42］赵自勇:《资本主义与现代世界——沃勒斯坦的现代世界体系理论透视》,《史学理论研究》,1996,第 6 期。

外文文献

［1］ Christopher Chase－Dunn,Peter Grimes，"World－Systems Analysis"，*Annuel Review of Sociology*，Vol. 21,1995.

［2］ Daniel Chirot,Thomas D. Hall，"World－System Theory,"*Annuel Review of Sociology*，Vol. 8. 1982.

［3］ Ernesto Laclau:"Feudalism and capitalism in Latin America"，*New Left Review*，67,1971.

［4］ Frank，Andre G.，"Immanuel and Me Without Hyphen"，*Journal of World－System* 2000,Ⅵ. 2,Summer/Fall. http://csf. colorado. edu/jwsr.

［5］ Goldfrank，Walter L.，"Paradigm Regained? — the Rules of Wallerstein's World－ System Method,"*Journal of World－System Research* Ⅵ. 2, 2000, Summer/Fall. http://csf. colorado.

edu. jwsr.

[6] Hall, Thomas D. , "Incorporation in the World—System: Toward a Critique", *American Sociological Review*, Vol. 51,1986.

[7] Robert Brenner, "The Origins of Capitalist Development: A Critique of Neo—Smithian Marxism", *New Left Review* I/104. ,1977.

[8] Robert A. Denemark, Kenneth P. Thomas, "The Brenner — Wallerstein Debate", *International Studies Quarterly*, Vol. 32, No. 1,1988.

[9] Skocpol, Theda, "Wallerstein's World Capitalist System: A Theoretical and Historical Critique", *American Journal of Sociology* 82, 1977.

[10] Stanley Aronowitz, "A Metatheoretical Critique of Immanuel Wallerstein' the Modern World System", *Theory and Society*, Vol. 10,No. 4,1981.

[11] Theda Skocpol, "Review: Wallerstein's World Capitalist System: A Theoretical and Historical Critique", *The American Journal of Sociology*, Vol. 82, 1977.

[12] Utsa Patnaik, "'Neo—Marxian' Theories of Capitalism and Underdevelopment: Towards a Critique ", *Social Scientist*, Vol. 10. No. 11. 1982.

[13] Wallerstein, Immanuel, "Report on the Intellectual Project: The Fernand Braudel Center 1976 — 1991", http://fbc. binghamton. edu/fbcintel. htm.

[14] Wallerstein, Immanuel, "Space Time as the Basis of Knowledge". http://fbc. binghamton. edu/iwsptm.

[15] Zolberg, Aristide, "Origin of the Modern World System: A Missing Link", *World Politics* 33(1981).

附　录

Works of Immanuel Wallerstein

（沃勒斯坦著作目录）

1961：*Africa*，*The Politics of Independence*. New York：*Vintage Books*.

1964：*The Road to Independence：Ghana and the Ivory Coast*. Paris & The Hague：Mouton.

1967：*Africa：The Politics of Unity*. New York：Random House.

1969：*University in Turmoil：The Politics of Change*. New York：Atheneum.

1972（with Evelyn Jones Rich）：*Africa：Tradition & Change*. New York：Random House.

1974：*The Modern World－System*，*vol. I：Capitalist Agriculture and the Origins of the European World－Economy in the Sixteenth Century*. New York/London：Academic Press.

1979：*The Capitalist World－Economy*. Cambridge：Cambridge University Press.

1980：*The Modern World－System*，*vol. II：Mercantilism and the Consolidation of the European World－Economy*，1600－1750. New York：Academic Press.

1982 (with Terence K. Hopkins et al.): *World—Systems Analysis: Theory and Methodology*. Beverly Hills: Sage.

1982 (with Samir Amin, Giovanni Arrighi and Andre Gunder Frank): *Dynamics of Global Crisis*. London: Macmillan.

1983: *Historical Capitalism*. London: Verso.

1984: *The Politics of the World—Economy. The States, the Movements and the Civilizations*. Cambridge: Cambridge University Press.

1986: *Africa and the Modern World*. Trenton, NJ: Africa World Press.

1989: *The Modern World—System, vol. III: The Second Great Expansion of the Capitalist World—Economy, 1730—1840's*. San Diego: Academic Press.

1989 (with Giovanni Arrighi and Terence K. Hopkins): *Antisystemic Movements*. London: Verso.

1990 (with Samir Amin, Giovanni Arrighi and Andre Gunder Frank): *Transforming the Revolution: Social Movements and the World—System*. New York: Monthly Review Press.

1991 (with Étienne Balibar): *Race, Nation, Class: Ambiguous Identities*. London: Verso.

1991: *Geopolitics and Geoculture: Essays on the Changing World—System*. Cambridge: Cambridge University Press

1991: *Unthinking Social Science: The Limits of Nineteenth Century Paradigms*. Cambridge: Polity.

1995: *After Liberalism*. New York: New Press.

1995: *Historical Capitalism, with Capitalist Civilization*. London: Verso.

1998：*Utopistics*：*Or*，*Historical Choices of the Twenty* — *first Century*. New York：New Press.

1999：*The End of the World As We Know It*：*Social Science for the Twenty* — *first Century*. Minneapolis：University of Minnesota Press.

2003：*Decline of American Power*：*The U. S. in a Chaotic World*. New York：New Press.

2004：*The Uncertainties of Knowledge*. Philadelphia：Temple University Press.

2004：*World* — *Systems Analysis*：*An Introduction*. Durham，North Carolina：Duke University Press.

2004：*Alternatives*：*The U. S. Confronts the World*. Boulder，Colorado：Paradigm Press.

2006：*European Universalism*：*The Rhetoric of Power*. New York：New Press.

后　记

　　这本小册子是在我的博士论文的基础上修改完成的。准确地说，字句上的改动还谈不上真正的"修改"。因为时间太短，机会又难得，对于各位师友提出的意见，尚难以"消化"，从整体上改进、加深对沃勒斯坦世界体系理论的研究恐怕需留待今后"几年计划"来完成。所以这本小著作只能算是读博期间的"总结"，明知道其中之"拙"，"羞于见人"，但想到毕竟是三年的心血，自觉其中还有一些新得，索性出了，就算是一次向同行专家讨教的机会吧。

　　博士学位是在中国人民大学获得的。对于本来就是教师的我来说，能够再次走进校园做学生，特别是这所大学的学生，非常珍惜这次机会。所以即便它来得晚，也未必"划算"，也不管这么多了。有此番心境去读书，少了几分筹划，多了一些从容。古人读书，志存高远，"脱心志于俗谛之桎梏"。读书之时，也是修身养性之时，内圣外王。今世已非昔世，今人不同古人，能觅得片隙寸土做世外桃源，当然有理由珍惜了。

　　求学路上，有多位师友相助，这也是缘分。在其中，我首先要感谢我的导师郝立新教授。从一刚进校，郝老师便提出了攻博要求，要我们珍惜时光，好好念书。并且在平时的学习过程中，从选课修学分，到专业阅读；从选题、开题，到论文撰写，事无巨细，郝老师均一一督促过问，使我无法偷懒。特别是在论文写作过程中，不论进展如何，郝老师都让我将新的内容发给他看，遇有问题，必让我修改，所以直到打印前，都难以成定稿。由于郝老师的工作关系，许多次都是通过电话长谈，指导论文，老师的这种严谨精神是我永远也忘不了的。另外，郝老师不仅学识渊博、才思敏捷，也长于循循善诱。同他交谈,即便是学术问题,他也能娓娓道来;有时师生一起聊天,他能从中发现教益,给我们启迪。所以听他讲话,真是如沐春风,受益匪浅。

另外,我的硕士导师高新民教授一直关心我的成长,是他把我领进学术的殿堂,人生的方向有了一个转折,自然是永不相忘。

同辈学友,皆翘楚才俊。与他们相比,本人真是才疏学浅。好在他们都是热心肠,遇有求助,皆全力而为。在此一并感谢。

在此之际,我还要感谢母校中国人民大学。最近3年时光,与其说是在北京度过的,倒不如说是在人民大学度过的。校园小巧,景色精致;学术深厚,大师辈出。与其他大学相比,人民大学的特点是务实而不功利,厚重但不失活力,自信却不孤傲。正是这种精神激励着莘莘学子不断进取。

还有,此书得以面世,还得感谢武汉科技学院的领导,感谢杨洪林教授,由于他们的奔走筹划,才使得我们这些年轻学者有著作面世。

此刻更加怀念远在天国的祖母。她历经磨难,操劳一生。以柔弱身躯带领全家走过几十年的风雨,始终无怨无悔。其大恩大德,子孙永世难忘。

沈学君

2008 年 12 月 29 日